KB065838

부자의 운

부자의 운

사이토 히토리 지음 • 하연수 옮김

다산북스

프롤로그

모두가 사이토 히토리가 될 필요는 없습니다

일본 소득세 납부 순위 10위 안에 이름을 올리게 된 이래로 많은 사람들로부터 다음과 같은 질문을 받아왔습니다.

"어떻게 하면 사이토 씨처럼 부자가 될 수 있나요?"

솔직히 말해 이런 물음에는 뭐라고 대답해야 할지 잘 모르겠습니다.

사람들은 저를 '이상한 사람'이라 부르곤 합니다. 제 생각이 보통 사람들과는 조금 다르다는 것이죠. 물론 맞는 말인지도 모릅니다. 제 스스로도 '내가 보통 사람과는 사고방식이 좀 다른 게 아닌가?' 하는 생각을 하기도 하니까요.

사람은 누구나 각자 자기만의 개성을 가지고 있습니다. 얼굴뿐 아니라 생각이나 삶의 방식도 제각각입니다. 그러나 남들과 다르다는 것은 자연스러운 현상이고, 서로 다르다는 것은 우리 모두에게 '좋은 일'입니다.

따라서 여러분의 생각이 저와 같지 않아도 괜찮습니다. 사람은 어느 누구와도 똑같아질 수 없으니까요. 저 또한 그저 '제 자신'일 뿐이고요.

여러분 모두 각자 훌륭한 자질을 가지고 있기에 굳이 사이토 히토리가 될 필요는 없습니다. 여러분은 자신에게 맞는 일을 하고 자신의 방식대로 살아가면서도 충분히 성공할 수 있습니다. 적어도 저는 그렇게 생각합니다.

이 책에서는 제가 이제껏 살아온 방식과 생각을 소개하려 합니다. 그런데 '이건 나하고는 안 맞는 것 같다'거나 '이건 좀 납득하기 어려운데?' 하는 부분이 있다면 굳이 억지로 받아들일 필요는 없습니다. 완벽한 인간이란 존재하지 않기에 제가 하는 말도 결코 완벽할 수 없으니까요.

저는 그저 일개 상인일 뿐, 무슨 대단히 숭고한 철학을 가진 인간은 아닙니다. 그러니까 '아, 이 정도만 실천하면 되는구나.' 하는 가벼운 심정으로 이 책을 읽어주시기 바

2강

행복

"지금 하고 있는 고민도 1년 뒤에는 분명 사라집니다"

3강

돈

"도리에 맞는 일을 하는 것이 가장 득이 됩니다"

4강

기회

"성공은 머리가 아니라 눈과 발로 하는 겁니다"

5강

관계

"바른 몸가짐, 웃는 얼굴, 애정 어린 말,
이 세 개면 충분합니다"

"웃음은 제 성공의 밑천이었습니다"

1강

웃음

잔소리를 들었을 때도 '감사하다'고 해보세요

인생에 있어 '웃음'은 중요합니다. 여러분 중에도 직장 상사와 사이가 별로 안 좋은 분들이 있지요? '어쩌다 이런 상사를 만나 이 고생을 하나?' 하고 불평도 할 테고요.

그런데 이런 문제도 웃음을 통해 해결할 수 있습니다.

정신 수양을 위해 산속에 들어가 폭포수에 몸을 맡기는 사람이 있다는 얘기를 종종 들어보셨을 겁니다. 저도 간혹 시도해보는데, 폭포수는 차가울 뿐 아니라 낙차도 커서 물을 맞으면 몽둥이로 두들겨 맞는 것처럼 굉장히 아픕니다. 비록 저는 깨달음을 얻지는 못했습니다만, 사람들은 폭포수를 맞다 보면 깨달음을 얻는다고들 합니다.

그런데 우리네 직장에는 폭포수가 없습니다. 그럼 무엇이 있을까요? 폭포수 대신 싫어하는 상사가 있지요. 그러니까 '오늘도 짜증 나는 이 상사 밑에서 일을 해야 한단 말인가!' 하고 비관할 게 아니라, 상사 이름을 폭포 이름에 대입해서 **'좋아, 오늘도 한번 시원하게 ○○○ 폭포를 맞으러 갈까?'** 하는 마음을 갖고 회사로 향하면 됩니다.

> 상사한테 잔소리를 들었을 때는 속으로 '이렇게 좋은 폭포수를 맞게 해줘서 감사합니다. 나는 운이 좋은 사람입니다.'라고 말해보세요. 희한하게도 상대방이 변합니다.

저의 제자 중에도 이를 실천한 사람이 있습니다. 예전에 운전학원에서 강사를 했는데 당시 상사와 사이가 좋지 않았다고 합니다. 하지만 매일 아침 상사에게 "좋은 아침입니다! 감사합니다!"라고 하니까 어느새 그 상사가 자기한테 밥을 사주기도 하고, 친절하게 잘 대해주었다고 합니다.

인생 별거 있나요? '어떻게 하면 내가 웃을 수 있을까?', '어떻게 해야 인생을 즐길 수 있을까?'를 생각하세요. 그래야 삶이 행복해집니다.

최고의 관상은
웃는 얼굴입니다

'아침이 되면 밝아지고, 밤이 되면 어두워진다.'

세상에는 이렇게 말하는 사람이 많이 있지만, 제가 볼 때 이것은 과학을 잘 모르는 사람들이나 하는 말입니다.

아침이 되어서 밝아진 게 아니라 태양이 존재하니까 밝아진 겁니다. 태양이 없다면 지구가 아무리 열심히 회전해도 세상은 온통 캄캄하겠지요.

무엇보다 태양은 자기가 기분 좋을 때만 빛을 내지 않습니다. 만약 그렇다고 한다면 그건 이미 태양이 아니겠죠. 태양이라는 건 언제 어느 때나 늘 불타오르며 지구를 비추고 있으니까요.

무슨 말을 하고 싶은 것이냐 하면, 아무 생각 없이 멍하니 있으면 어느 누구라도 기분이 우울해진다는 겁니다. 이는 마치 태양이 없는 상황과도 같습니다. 경기가 불황이든, 부모님의 건강이 안 좋든, 어떤 시련에 부닥치든 밝은 생각을 하지 않는 한 삶은 긍정적으로 변하지 않습니다. 그래서 저는 지금까지 스스로 이렇게 말해왔습니다.

'나는 항상 밝게 빛나는 태양 같은 존재다. 어떤 힘든 상황이 닥친다 해도 이 세상에 태어난 것을 감사해하고 행복해하자.'

언뜻 보기에는 어려운 일 같지만, 실제로 해보면 굉장히 간단하다는 걸 알게 될 겁니다.

'늘 밝은 표정을 짓는 것.' 이것만 하면 되거든요.

웃는 얼굴은 누구에게나 최고의 관상입니다. 웃으면 엄청난 운이 흘러 들어올 뿐 아니라 저절로 행복해집니다. 왜냐고요?

고민에 빠진 사람의 얼굴을 떠올려보기 바랍니다. 미간에 잔뜩 주름이 있고 입은 굳게 다물어진 것도 모자라 심지어 삐뚤어져 있기까지 하지요.

이런 표정을 짓다 보면 어느새 양쪽 눈 사이에 있는,

'제3의 눈'이 닫혀버립니다. 애염명왕愛染明王이라는 불상을 본 적이 있는 분은 잘 알겠지만, 이 불상의 이마에는 눈이 붙어 있습니다. 바로 이 눈을 '제3의 눈'이라 부릅니다. 이는 육안으로 볼 수 없는 것을 볼 수 있는 눈으로, 이 눈을 통해 모든 상상력과 아이디어의 원천을 얻을 수 있다고 합니다.

그런데 미간에 주름이 생기면 이 눈이 닫힙니다. 아무것도 볼 수 없게 되는 것이지요. 따라서 인상을 잔뜩 쓰면서 고민해봤자 근사한 해결책이 떠오를 리 없습니다.

미간이 열려야 제3의 눈도 열리는 법입니다. 그렇다면 미간을 어떻게 열어야 할까요?

그냥 웃으면 됩니다. 웃으면 주름이 펴지면서 자연스럽게 미간이 열리거든요. 한번, 활짝 웃으면서 미간에 주름을 만들려고 해보세요. 아무것도 아닌 것 같지만 신기하게도 상당히 힘듭니다.

누구에게나 미소로 대하는 사람은 적을 만들지 않습니다. 다퉈야 할 적이 없는 삶을 상상해보세요. 얼마나 행복한가요?

물론 제가 아무리 이런 말을 해도 분명 믿지 않는 분들이 계실 겁니다. 그래도 속는 셈 치고 한번 웃어보세요. 자연스레 제3의 눈이 열릴 겁니다. 또한, 사람을 행복으로 이끄는 아이디어도 샘물처럼 솟아오를 겁니다.

자연스러운 모습이 가장 편한 법입니다

저는 신앙인도 아니고 특정 종교단체에 소속되어 있지도 않지만, 부처나 예수, 마호메트와 같은 분들을 똑같이 존경합니다.

어느 날 불상을 보다가 문득 이런 생각이 들더군요.

'일어서면 피곤해 보이고, 앉으면 졸려 보이네……. 그러고 보니 걸어 다니는 모습은 본 적이 없구나!'

무슨 말이냐고요? 서 있는 부처상을 보면 왠지 피곤해 보이지 않나요? 반대로 앉아 있는 불상을 보면 눈이 반쯤 감겨 있어 졸린 것처럼 보입니다. 그리고 이제껏 걷는 모습을 하고 있는 부처상은 본 적이 없고요.

이 책은 이런 쓸데없는 생각을 하는 사람이 쓴 것이니 너무 훌륭한 이야기는 기대하지 마시기 바랍니다. 저는 여러분이 생각하는 것만큼 성실한 사람이 아닙니다. 그저 일개 상인일 뿐이고, 즐겁고 신나는 일을 아주 좋아하는 사람일 뿐입니다.

저는 평소에 카바레 같은 유흥업소에 발을 들여놓지 않지만, 그렇다고 그게 성실하거나 훌륭한 인간이어서는 아닙니다. 저 역시 여성분들을 아주 좋아하지만, 그저 그런 곳에는 가고 싶지 않을 뿐입니다. 만약 가고 싶은 마음이 생긴다면 지금이라도 당장 가겠지요. 저는 그런 사람입니다.

만에 하나, 우리 회사 직원이 제가 카바레에서 나오는 장면을 우연히 발견했다고 칩시다. 그 직원이 '어떻게 하지? 못 볼 걸 봤네!'라고 생각한다면 저로서는 미안하죠. 그러나 평소에 제가 그다지 훌륭한 사람이 아니라는 점을 광고해둔다면, 설사 그런 장면을 들켰다 해도 이런 대화가 오갈 수 있습니다.

"어? 자네를 여기서 만나는군. 참 기묘한 우연이네!"

"아, 사이토 씨 안녕하세요."

이처럼, 서로 가슴이 철렁 내려앉아 말도 제대로 못 하는, 그런 멋쩍은 상황은 만들어지지 않는 것이지요.

그렇다면 반대로 저처럼 그다지 대단하지 않은 사람이 평소에 훌륭한 말을 하고 다니면 어떻게 될까요?

> 실제로도 훌륭한 사람이 되어야 하거나, 별 볼 일 없다는 사실이 탄로 나거나 둘 중 하나일 겁니다. 어느 쪽이 되건 괴롭긴 마찬가지겠지요.

그러니까 평소에는 그저 자연스러운 모습을 보이는 게 제일 좋습니다. 애써 꾸미지 않은, 있는 그대로의 모습을 보여주는 것이 가장 편한 겁니다.

재밌는 생각을 많이 할수록
재밌는 일이 많이 일어납니다

살다 보면 참 재미있는 경험을 많이 하게 됩니다.

예컨대 저의 경우 어느 출판사로부터 "사이토 씨에 관한 만화책을 출간하고 싶은데 괜찮겠습니까?"라는 제의를 받은 적이 있습니다.

'만화 정도야 출간해도 되지 않을까?' 하는 생각으로 승낙했는데, 이게 웬걸, 완성된 만화를 보고 깜짝 놀랐습니다. 제가 지팡이를 든 할아버지로 묘사되어 있었거든요. 물론 이 부분은 나중에 수정했지만요.

만화를 그린 사람은 저를 만난 적도, 사진을 본 적도 없었으니 어찌 보면 당연한 결과입니다. 만화가는 그저 '긴자銀座 일본한방漢方 연구소의 창립자', '일본 최고의 부자'라는 수식어만 듣고 저를 상상하며 그린 것일 테니까요.

아마 많은 분들이 저에 대해 비슷한 상상을 하고 있을 거라 생각합니다. 그런데 사실 저로서는 매우 즐겁고 재미있는 상황이라 할 수 있습니다.

개중에는 이런 말을 하는 사람도 있습니다.

"사이토 씨의 사업이 떼돈을 버는 것은 소득세 순위에 이름이 올라와 있기 때문이다."

하지만 생각해보세요. 소득세 순위라는 건 돈을 많이 번 사람만이 이름을 올릴 수 있는 것 아닌가요? 정말 세상에는 재미있는 일이 많습니다.

그렇다면 '재미있는 일'은 어떻게 만드는 걸까요? 이는 간단합니다. 재미있는 일은 늘 재미있는 일을 생각하는 사람에게 많이 일어나는 법입니다.

자신이 평소에 무엇을 생각하고 어떻게 행동하느냐에 따라 삶을 한 편의 폭력 영화로 만들 수도 있고, 둘도 없는 비극으로 만들 수도 있고, 굉장히 즐거운 희극으로 만들 수도 있는 것이지요. 이처럼 각자의 생각에 따라 어떤 영화든 가능합니다.

제 인생은 일을 할 때나 여행을 할 때나 늘 '희극'입니다. 제가 일본에서 소득세를 가장 많이 내게 된 것도 하나의 희극이라 생각합니다. 그리고 저는 희극을 연출하는 상인인 셈이죠.

상품에도 '알고 보면 다 꽝', '나는 깜짝 스타일'처럼 웃기는 이름을 지어줘야만 성이 찹니다.

> 이처럼 저는 '팔리느냐, 팔리지 않느냐' 이전에 '웃을 수 있느냐, 웃을 수 없느냐'를 중요시합니다.

저는 스스로에게 '무엇 때문에 이 세상에 태어났을까?'라는 질문을 던진 후 이렇게 결론을 내렸습니다.

'인생은 신나게 놀다 가는 것이다.'

저는 즐겁게 놀기 위해 이 세상에 왔다고 생각합니다. 따라서 저에게 있어 일은 곧 놀이입니다. 삶도 곧 놀이이고요. 기왕 노는 거라면 즐겁고 신나게 놀아야겠지요. 그래서 저는 항상 '어떻게 해야 즐겁고 신나게 할 수 있을까?'를 생각합니다.

사업을 시작하고 매출이 올라가고 나라에 내는 세금이

늘기 시작했을 때, 저는 일본에서 세금을 가장 많이 내는 게임을 한번 해보자고 생각했습니다. 그리고 이 게임을 하는 데 있어 다음과 같은 룰을 정했지요.

'주식과 부동산에는 절대로 손대지 말 것.'

오로지 사업에 의한 소득만으로 승부하자는, 다소 불리한 조건을 내세운 것입니다. 왜냐고요? 그쪽이 더 스릴 있고 재미있으니까요.

축구도 발로만 공을 찰 수 있으니까 재미있는 겁니다. 그런 조건에서 공을 뺏기도 하고 태클을 걸기도 하고 슛도 멋지게 막으니, 가슴을 죄며 즐길 수 있는 것이지요. 아무런 룰도 규칙도 없고 손으로 공을 만져도 된다면, 결코 재미있지 않을 겁니다. 여러 가지 제한이 있고 뜻대로 되지 않는 구석도 있으니, 이런 시합이 재미있는 게 아닐까요?

'웃음'은 곤경에 처하지 않도록 신이 내린 능력입니다

저에게는 열 명의 제자가 있습니다. 그중 몇 명은 제가 예전에 했던 말들을 엮어 책으로 내기도 했습니다. 그런 책에는 평소의 저답지 않은, 제법 진지한 이야기들이 적혀 있는데, 그걸 보고 저에게 호감을 느낀 독자들이 꽤 있었나 봅니다.

당시에 여럿으로부터 이런 말을 들었습니다.

"히토리 씨의 팬이 모여 여러 가지 정보를 교환할 수 있는 장소가 있으면 좋겠는데 말이죠."

저는 책을 읽어주신 분들에게 뭔가 보답을 해야겠다는 생각에 그런 장소를 물색하기 시작했습니다. 그러자 운이 좋게도 도쿄의 어느 상점가에서 빈 점포를 찾아낼 수 있었고, 그곳을 독자들이 모임을 갖는 장소로 정했습니다.

처음에는 그곳에 제가 지은 시나 '부자가 되는 부적' 따위를 벽에 붙여놓았습니다. 그런데 뭔가 부족하다는 느낌을 지울 수가 없더군요. 왜였을까요? 한마디로 유머가 부족했던 것이지요.

그래서 어떻게 할까 궁리하던 차 역시나 운이 좋게도 목공 일을 하는 친구가 그럴듯한 선반을 만들어주더군요. 저는 재미 삼아 그 선반에 '부자가 되는 부적'을 붙였는데, 그때 문득 '그렇지! 이곳을 〈운이 좋은 신사神社〉로 만들면 어떨까?' 하는 생각이 떠올랐습니다.

그래서 입구에 이렇게 써놓았죠.

'이곳 〈운이 좋은 신사〉에서는 돈을 던질 필요도 없지만, 대신 복을 주지도 않습니다.'

놀랍게도 이렇게 하자 어느새 전국 각지에서 많은 분들이 모이게 되었습니다. 유유상종類類相從이랄까요? 저를 좋아하는 분들 중에는 제 농담을 좋아하는 분들이 많아서인지, 복을 주지 않는다고 했는데도 합장을 하며 절을 하고 간답니다.

한번은 텔레비전에서 그곳을 취재하는 장면을 본 적이 있는데, 어떤 분이 두 손을 모은 채로 "운이 좋다, 운이 좋다." 하며 중얼거리더군요. 이건 너무 과한가 싶기도 했지만, 여하튼 재미있는 광경임에는 틀림없었습니다.

지구상에는 갖가지 동물이 있지만, 웃을 수 있는 동물은 인간뿐이라는 이야기를 들은 적이 있습니다.

'웃음'은 인간만이 가진 능력이라는 거죠. 그렇다면 왜 인간에게 웃을 수 있는 능력이 주어졌을까요?

상인에 불과한 저한테는 물어보지 말아 주세요. 분명 엉뚱한 대답을 할 테니까요. 그래도 여기서는 굳이 제 나름대로 대답을 해보겠습니다.

> 저는 웃음이란 인간이 곤경에 처하지 않도록 신이 부여한 능력이라고 생각합니다. 인간이 지닌 소중한 보물인 셈이죠.

이게 사실이든 아니든, 하여튼 이 소중한 보물을 적극적으로 활용하면 된다고 봅니다.

그런데 개중에는 웃을 수 없는 사람, 즐길 줄 모르는 사람도 많더군요. 이런 사람은 부자가 되어도 지루한 표정을 짓고 있습니다. 그리고 나중에 가서는 '왜 나는 행복해지지 못할까?' 하며 불평을 늘어놓습니다.

예전에 제 제자의 아들이 경제의 미래를 다룬 책(국내에서는 2004년에 『3년 후, 당신의 미래』라는 제목으로 출간되었다 - 옮긴이)을 쓴 적이 있습니다. 그런데 평소에 경제에 관심도 없고 관련 책을 읽어본 적이 없는 분들도 이 책을 읽고 '경제도 의외로 재미있네요.'라는 편지를 보내왔다고 합니다.

저는 이 이야기를 듣고, 그 책이 '경제는 재미없다'는 것이 잘못된 편견이었음을 밝힐 수 있게 되어 참 잘되었다고 생각했습니다.

여러분의 인생이 재미가 없는 것은 눈앞에서 일어나는 현상이 재미없어서가 아닙니다. 늘 재미없는 생각만 하니까 재미가 없는 겁니다.

웃는 얼굴로 애정 어린 말을 하면 신을 도울 수 있습니다

제가 평소에 제자들에게 자주 하는 말이 있습니다.

'승부라는 것은 항상 눈앞에서 펼쳐진다.'

이게 무슨 뜻이냐면, 승부는 결산 시기나 소득세 순위, 인사이동 발령, 입시 결과 발표 때만 나는 것이 아니라는 겁니다. 즉, **살아가는 매 순간 승부가 펼쳐진다는 뜻입니다.**

제가 이런 말을 하는 이유는 성공에 대한 정의가 세상 사람들과 약간 다르기 때문입니다. 세상은 일류 기업에 다니거나, 출세를 하거나, 장사를 해서 큰돈을 번 사람을 성공한 사람이라 부릅니다만, 저는 그렇게 생각하지 않습니다.

인간의 육체가 허물어지고 영혼이 고향으로 돌아갈 때가 되면, 사회적 지위나 돈을 비롯하여 사는 동안 가졌던 모든 것을 이 세상에 놓고 가야 합니다. 그래서 저는 이런 말을 하곤 합니다.

"천명天命을 완수하는 것이야말로 진정한 성공이다."

천명이란 인간이 이 세상에 태어날 때 신과 나눈 약속을 말합니다. 그리고 그 약속이란, 바로 웃는 얼굴로 애정이 담긴 말을 하는 것이지요.

물론 사람마다 천명에 대한 정의는 다르겠지만, 저는 그렇게 생각합니다.

그럼 왜 인간이 태어날 때 신과 이런 약속을 하는 걸까요? 그건 신이 웃는 표정으로 애정이 담긴 말을 하는 사람을 필요로 하기 때문입니다.

신은 풀과 나무, 곤충과 새, 인간을 포함한 지구상의 모든 것을 창조했지만, 단 한 가지 창조하지 못한 게 있습니다. 바로 '자신의 사랑'이죠. 신은 자신의 위대한 사랑을 직접 표현할 수 없습니다. 그러니 웃을 수도, 말을 할 수도 있는 인간이 신을 대신해 이 사랑을 표현해야 하는 겁니다.

아마도 인간이 이 세상에 태어날 때 신이 이런 부탁을 했겠지요.

"나 대신 사람들에게 웃는 얼굴로 애정이 담긴 말을 해 주길 바란다."

이 부탁을 들어드리기 위해 노력하는 사람은 신에게 도움을 주는 사람이니, 당연히 신도 그 사람의 꿈이 이뤄지게 도와줄 겁니다.

> 저에게 있어 신은 구걸의 대상이 아닙니다. 저는 오히려 '내가 어떻게 하면 신을 도울 수 있을까?'를 생각합니다.

그리고 무엇보다 천명을 지키려고 노력합니다. 천명을 지키면 적이 사라집니다. 만나는 사람마다 자기편으로 만드니 직장 생활이든 사업이든 잘 풀릴 수밖에 없습니다. 가정에서든 학교에서든 삶의 모든 면이 순탄해집니다.

설사 엄청난 부자가 되지 못했다 해도 괜찮습니다. 하

늘나라에 갔을 때 신에게 "이제는 웃으면서 애정이 담긴 말을 할 수 있게 되었어요!" 하고 자신 있게 말할 수 있을 테니까요.

물론 무엇을 성공으로 여기느냐는 사람마다 다릅니다. 물질적인 풍요만을 성공의 척도로 여기는 사람도 있고, 정신적인 성장만을 성공으로 보는 사람도 있지요. 이 두 가지 모두를 성공으로 생각하는 경우도 있고요.

이처럼 성공이라는 개념의 폭은 넓습니다. 또, 그렇기에 우리는 헤아릴 수 없을 만큼 많은 분야에서 승리를 맛볼 수 있는 것이겠지요.

개중에는 "웃는 얼굴로 애정이 담긴 말을 하는 게 성공이라면, 누가 이런 고생 따위를 하겠습니까?" 하며 따지고 싶은 분도 있을 겁니다. 물론 그러셔도 전혀 상관없습니다.

그렇지만, 한번 잘 생각해보세요. 웃으면서 애정이 담긴 말을 하는 것이 그렇게 쉬운 일일까요? 실제로 해보면 그리 만만한 일이 아님을 알 수 있습니다. 웃고 있으면 얼굴의 근육이 피곤해집니다. '운이 좋다'는 말을 하고 싶어도 입이 잘 떨어지지 않을 때도 있습니다. 아무리 칭찬하고 싶어도 도저히 그렇게 해줄 수 없는 사람이 등장하기도 합니다.

인생은 늘 자기 자신과의 승부입니다. 그리고 매 순간 승패가 결정됩니다. 눈앞에서 승부가 펼쳐진다 함은 바로 이런 뜻입니다.

사람은 누구나
무언가를 배우며 살아갑니다

늘 웃는 얼굴로 애정이 담긴 말을 하는 것도 '수행修行'입니다. 이는 곧 이런저런 일을 겪으면서도 행복하다고 느낄 수 있는지를 배우는 수행이라 할 수 있습니다.

저는 정말로 스스로를 운이 좋은 사람이라고 생각합니다. 허름한 분식점에서 점심을 먹더라도 최고급 식당에서 프랑스 요리를 먹는 것만큼 행복을 느낄 수 있습니다. 또, 커피 한 잔을 마시더라도 원두를 재배하는 사람들의 밝은 표정을 떠올리며 '나도 그분들에게 도움을 주고 있구나.' 하고 기뻐할 수 있습니다. 이런 긍정적인 성격을 갖게 된 것도 운이 좋다고 할 수 있겠네요.

제가 이런 말을 하면 "저에게는 사이토 씨와 같은 감성이 없어서요."라고 대꾸하는 사람도 있는데, 과연 정말로 그럴까요?

감성이라는 것은 서서히 가꿔나가는 겁니다. 예를 들어 식사를 할 때 식탁 위에 밥 한 공기와 김치, 생선 한 마리만 올라왔다고 칩시다.

'이게 뭐야?' 하고 불평할 수도 있겠지만, 쌀을 만드는 사람이 있기 때문에 밥 한 공기라도 먹을 수 있는 겁니다. 아시다시피 쌀이라는 것은 손이 굉장히 많이 가는 작물입니다. 따라서 당신 앞에 놓인 밥 한 공기는 '이 세상에 당신을 대신해서 논밭을 일구고, 물을 대고, 벌레를 제거하는 작업을 해주는 사람이 있음'을 의미합니다.

먹는 것은 쉬워도 먹을 수 있는 밥을 만들기까지의 과정은 결코 간단하지 않습니다. 김치와 생선도 마찬가지입니다.

> 수많은 사람의 손길을 거친 음식이 눈앞에 몇 개나 있다는 것 자체가 얼마나 대단한 사실인지를 깨닫는 것만으로도, 그 식사는 더없이 호화로운 만찬이

될 수 있습니다.

이처럼 감성이 풍부하다 함은 이 세상에는 만만한 일이 없다는 사실을 받아들인다는 것을 의미하기도 합니다.

물론 세상에는 다양한 사람이 있으니 이런 사실을 받아들이지 않는 분들도 있겠지요. 하지만 인간이라면 살아가는 동안 반드시 뭔가를 배우게 되어 있습니다. 따라서 꼭 제 말에 동의하기보다 언젠가는 이런 이치를 깨닫게 될 거라는 믿음으로 지금 주어진 삶을 살아가시기 바랍니다.

심지어 이번 생애에 깨닫지 못해도 괜찮습니다. 어떤 사람이 이런 말을 하더군요. 인간이라는 존재는 10만 번을 다시 태어난다고요. 때문에 10만 번의 삶 중에서 깨닫지 못하는 삶도 몇 번 있을 수 있는 겁니다.

하지만 결국 **인간은 수없이 환생을 거듭하면서 영혼의 성장을 이뤄나갑니다.** 다시 말해 모든 인간이 성공의 길을 끊임없이 걸어가고 있다는 사실 자체는 변하지 않는 겁니다.

'어느 쪽이 옳은가'보다 '어느 쪽이 즐거운가'를 따지세요

친구와 같이 사우나에 갔을 때의 일입니다.

거기서 마사지를 받았는데, 마사지를 하는 사람이 친구의 얼굴을 보고 할리우드 스타를 닮았다고 하더군요. 친구는 이제까지 그런 말을 들어본 적이 없었기 때문에 굉장히 기뻐했습니다. 그런데 마사지사가 정작 배우의 이름을 떠올리지 못해 답답했죠. 친구와 저는 그의 입에서 배우 이름이 나올 때까지 잠자코 기다렸습니다.

그런데 한참 뒤에 마사지사가 이렇게 말하더군요.

"목에 나사가 박힌 사람 있잖아요. 이름이 뭐였더라?"

결국 '프랑켄슈타인'을 닮았다는 말이었습니다. 이 말

을 들은 제 친구는 그냥 웃어넘기긴 했지만, 얼굴에 실망하는 기색이 역력했습니다.

물론 그 사람 눈에는 실제로 그렇게 보였으니, 생각한 대로 말을 뱉은 것일 테죠. 자신이 느낀 그대로를 솔직하게 말했으니, 거짓말도 아니고 바른말을 한 것입니다. 하지만 바른말을 했기 때문에 제 친구는 실망한 셈입니다.

그래서 저는 평소에 이렇게 말합니다.

"어느 쪽이 옳은지를 따질 게 아니라 어느 쪽이 더 즐거운지를 기준으로 삼으세요."

단, 분명히 짚고 넘어가야 할 점이 있습니다. 제가 말하는 즐거움이란 카드 한도도 생각하지 않고 계속 카드를 긁어대는 쇼핑에서 얻는 즐거움이 아닙니다. 그렇게 아무 생각 없이 카드를 긁다가는 얼마 후에 틀림없이 산더미 같은 청구서가 날아오겠지요. 이래서야 하나도 즐겁지 않을 겁니다.

회사에 출근하지 않고 집에 있는 게 즐겁다고 무단결근을 하는 건 어떨까요? 요즘처럼 취업이 힘들 때 회사에서 잘리기라도 했다간 큰일이 날 겁니다. 그 하루는 즐거울지 몰라도 결국 실직자가 되면 결코 즐겁지 않겠지요.

제가 말하는 즐거움이란, 그 순간 반짝하는 그런 즐거움이 아닙니다. 이를 자세히 설명하려 하면 상당히 어려워질 것 같으니 나머지는 여러분 각자의 판단에 맡기도록 하고, 다시 본래 하던 얘기로 돌아가보지요.

> 다시 말하지만 '어떻게 하는 게 옳은가?'보다 '어떻게 해야 즐거워질 수 있을까?'를 기준으로 삼고 행동하면, 그 자리에 있는 모든 사람이 즐거워질 수 있습니다.

그럼 그 마사지사는 뭐라고 해야 했을까요? 거짓말이라도 상관없으니까 "브래드 피트를 닮으셨네요."라고 했다면 더 좋았겠지요. 아니면 "지금은 잘 떠오르지 않지만, 다음에 오실 때까지는 생각해둘게요."라고 했더라도 충분했을 겁니다.

이렇게 말했더라면 상대방의 마음에 상처를 주지 않고도 모두 즐거운 한때를 보낼 수 있었을 겁니다.

불길한 숫자도 생각하기 나름입니다

일본인들은 흔히 숫자 4와 9를 기피하는 경향이 있는데, 이와 달리 저는 이 숫자들을 애지중지합니다. 예전에 이들 숫자가 등장하는, 재밌는 꿈을 꾼 적이 있거든요.

숫자 4와 9는 제 꿈에 나타나서 아무런 잘못도 없는데 왜 사람들이 자신들을 그토록 싫어하는지에 대한 고민을 털어놓았습니다. 본인들도 나름대로 이런저런 이유를 생각해보았지만, 도무지 답을 찾을 수 없었던 게지요. 그래서 저한테 상담을 하러 왔던 겁니다.

이제껏 살아오면서 많은 상담 요청을 받아왔지만 이런 고민은 또 난생처음이었습니다. 저도 뭐라 답해야 할지 몰라 망연자실해 있었죠.

그런데 4와 9는 제 앞에서 "이런 모습이라면 사람들이 좋아할까요?" 하며 자기네들끼리 자리를 바꿔가며 열심히 갖가지 모양을 만들어 보이더군요.

그 모습이 너무 진지해서 그만 웃음을 터트렸는데, "웃지만 말고 히토리 씨도 뭔가 아이디어를 내봐요!" 하며 핀잔을 주는 겁니다.

그래서 저는 사뭇 진지하게 이렇게 대답했습니다.

"사람들이 4와 9를 기피하는 것은 죽음死(죽을 사)과 고생苦(쓸 고)을 연상시키기 때문이지, 당신들이 잘못해서가 아닙니다."

그러자 이들은 "그건 너무해요. 우리 둘이 합쳐지면 모든 일이 좋아지는데('좋아지다'는 일본어로 '요쿠나루'라고 하는데, 발음상 '요쿠'가 49에 해당된다 - 옮긴이) 말이죠." 하고 대답하더군요.

이 말을 듣고 나자, 저는 두 숫자가 그동안 부당한 대우를 받아왔다는 생각에 측은한 마음이 들었습니다. 그래서 "앞으로는 당신들을 소중하게 여기겠습니다."라고 했죠.

그러자 4와 9는 안도의 한숨을 쉬며 "감사합니다. 저희 둘이 당신의 인생을 좋게 만들어드릴게요!" 하고는 사라지더군요.

여하튼 정말 황당한 꿈이었는데, 저는 덕분에 4와 9가 합쳐지면 '좋아진다'는 뜻이 된다는 것을 알게 되었습니다.

그 후로 저는 전화번호부터 자동차 번호에 이르기까지, 죄다 4와 9로 바꿔버렸지요. 그 때문인지까지는 모르겠지만, 그 뒤로 확실히 좋은 일이 연달아 일어났답니다.

이 이야기를 제자들에게도 전해주자 모두 기뻐하며 좋아하더군요.

이처럼 4와 9가 합쳐질 때 좋은 일이 일어난다고 여기면, 이 숫자들을 쓸데없이 피해 다닐 이유도 없어집니다.

“지금 하고 있는 고민도
1년 뒤에는 분명 사라집니다”

2강

행복

평생토록 하는 고민이란 건 없습니다

사람이 살다 보면 이런저런 일을 겪게 됩니다. 즐거운 일도 있지만, 때론 괴로운 일도 있지요. 여러분 중에는 지금도 고민거리가 한가득인 분도 있을 겁니다.

그런데 '고민'이란 건 과연 뭘까요? 저마다의 정의가 있겠지만 제가 생각하는 고민의 정의는 **'자기의 힘으로는 어떻게 해볼 수 없는 문제'**입니다.

어떻게든 해결할 수 있다면 벌써 행동으로 옮겼을 테니, 고민거리로 남지 않겠지요. 어떻게 해볼 수 없으니까 고민하게 되는 겁니다.

그런데 생각해보세요. 평생토록 하게 되는 고민이라는

게 있나요? 그렇진 않습니다.

여러분께 질문을 하나 하겠는데, 1년 전 오늘 자신이 어떤 일로 고민했는지 기억하고 있습니까? 2년 전의 고민은 기억하나요?

예전에 제가 실제로 1,000명을 대상으로 이런 설문조사를 진행한 적이 있습니다. 그런데 1년 전 고민을 기억하고 있는 사람은 단 한 명도 없었습니다.

> 따라서 지금 당신이 하고 있는 고민도 1년 뒤에는 분명 사라집니다.

왜 그런 걸까요? 고민이라는 것은 자기 멋대로 사라지는 것이기 때문입니다. 자기가 어떤 행동을 취해서 고민이 사라졌다기보다 그저 자연스럽게 사라진 겁니다. 시간이 해결해준 것이지요. 시계의 침이 돌아가면서 고민도 서서히 없어진 셈입니다. **다시 말해, 시간은 당신 편입니다.**

그러니 지금 고민이 많다고 해서 너무 자책하지 마세요. '나는 아무것도 하지 못하는구나. 나는 정말 무력한 사람이야.'라고 생각할 필요는 없습니다. 그렇게 생각하는 사람도 실제로는 뭔가 하고 있는 겁니다.

고민이 있는 사람은 대체로 이런저런 걱정을 합니다. 그런데 생각해보세요. 걱정하는 것도 분명 하나의 행동이지 않나요?

그런데 인간에게는 자신이 생각하는 것을 끌어당기는 힘이 있다고 합니다. 따라서 걱정을 할수록 오히려 안 좋은 일이 더 생기는 것이지요.

우스갯소리지만, '바람피운 게 걸리면 어떡하지?' 하며 걱정하는 사람은 결국에 들통난다고 합니다. 따라서 고민거리가 있더라도 괜히 가슴 졸이고 머리를 쥐어뜯고 있을 필요는 없습니다.

그럼 어떻게 해야 할까요?

> 그저 시간에 맡기세요. '똑딱똑딱' 시곗바늘이 돌아가는 소리가 '운이 좋다, 운이 좋다'라는 소리로 들려야 합니다.

시계가 돌아가는 소리를 들으면서 '아, 시간이 내 편을 들어주는구나.'라고 생각하는 걸로 충분합니다. 이렇게 생각하는 것만으로도 마음이 한결 가벼워집니다.

이 이야기는 제자들 사이에서 '마음이 천분의 일만큼 가벼워지는 이야기'라고 불리는데, 원래는 '백분의 일만큼 가벼워지는 이야기'였습니다.

그런데 '왜 백분의 일만큼 가벼워지는지 모르겠다'는 반응이 더러 있어 재미로 '천분의 일'로 바꾼 것이지요. 어찌 되었든 자신의 마음을 조금이라도 가볍게 하자는 뜻에서 이렇게 이름을 붙인 것이니, 여러분도 한번 그렇게 믿어보세요.

손쓸 수 없는 문제로 고민하지 마세요

'철학'이란 자기가 먼저 행복해지고, 흘러넘치는 행복도 남에게도 베풀 수 있을 때 비로소 진가를 발휘하는 것이 아닐까요? 그리고 저는 철학의 목적은 **혼자서 해결할 수 있는 것은 스스로 해결하는, 그런 인간을 만드는 데 있다**고 생각합니다.

물론 세상에는 혼자서 해결할 수 없는 문제도 있습니다. 예컨대 지진이나 갑작스러운 사고는 자기 힘으로 어떻게 막을 수가 없지요. 길을 가는데 갑자기 무언가가 머리로 날아오는 일도 마찬가지입니다.

살아가면서 이러한 사고는 피해갈 수 없습니다. 그리고

언제 닥칠지도 모르니 딱히 대처 방법이 있는 것도 아닙니다. 하지만 전혀 방법이 없는 것도 아니랍니다.

그럼, 이를 해결하는 방법은 뭘까요?

> 도저히 손을 쓸 수 없는 문제에 대해서는 더 이상 고민하지 않으면 됩니다. 자꾸 고민하니까 괴로운 겁니다.

고민하지 마세요. 그러면 괴롭지 않습니다. 그리고 여기에 철학이 필요합니다.

제 말을 오해하면 안 되는 것이, 철학이 무조건 현실 도피의 수단이 되어야 한다는 건 아닙니다. 자신이 해결할 수 있는 문제는 다 해결하고, 그 후에 현실을 직시하자는 겁니다. 저는 이러한 철학을 가진다면 어떤 분야에서든 성공할 수 있다고 생각합니다.

사업을 할 때도 마찬가지입니다. 아무리 불황이 닥쳐도 '어떤 상황에 부닥치든 행복하게 생각하자.'는 마음가짐을 갖는다면 고객을 즐겁게 만들 수 있습니다.

늘 긍정적으로 생각할 수 있다면 비록 뒷골목에 조그만

가게를 열었다 해도 '뒷골목만이 풍길 수 있는 분위기를 활용해서 고객을 끌어모아 보자.'라는 생각을 하게 될 것이고, 장소를 100퍼센트 활용할 수 있는 지혜도 떠올리게 될 것입니다. 당연히 장사도 잘되겠지요. 그리고 나중에 다른 곳에 가게를 열었을 때도, 뒷골목에서 성공한 경험을 바탕으로 새로운 장소를 멋지게 만들 수 있는 지혜 또한 분명 떠올리게 될 겁니다.

그런데 같은 상황에서 '가게의 위치가 좋지 않으니까 손님이 안 오는 거야.'라고 탄식만 하고 있다면, 이런 지혜는 결코 떠오르지 않겠죠. 설사 다른 곳으로 장소를 옮긴다 해도 상황이 좋아질 리는 없을 테고요.

그래서 저는 사업에 있어서도 철학을 중시합니다. 그리고 앞으로도 계속 철학을 강조할 생각입니다.

시련은 나를 성장시키기 위해 하늘이 준 기회입니다

저는 예전부터 '인생에 곤란한 일은 일어나지 않는다'고 말해왔습니다. 그런데 이 말에 충격을 받은 분이 꽤 많더군요. 그래서 저도 적지 않게 놀랐는데, 정말입니다. 실제로 삶에 곤란한 일은 일어나지 않습니다.

저는 학창 시절에 영어를 잘 못했기에 선생님으로부터 "영어를 못하면 외국인이 말을 걸어올 때 곤란해지잖아."라는 말을 듣곤 했습니다. 하지만 신기하게 저에게는 여태껏 외국인이 말을 걸어온 적이 없습니다.

뿐만 아니라 저는 "이런 수학 문제도 못 풀면 앞으로 곤란해."라는 말도 들었습니다만, 지금은 계산기가 있으니 아무것도 곤란할 게 없습니다.

운이 좋은 사람은 곤경에 처할 일이 없습니다. 하지만 아무리 운이 좋은 사람이라 해도 살다 보면 어떤 문제가 생기기 마련이죠. 이런 경우 대부분 '곤란하다'고 생각합니다. 하지만 저는 그렇게 생각하지 않습니다.

문제가 발생했다는 것은 자신을 한 단계 성장시켜 주기 위해 하늘이 기회를 주었음을 뜻하니까요.

'귀인貴人에겐 정이 없다'는 말이 있습니다. 무슨 뜻인가 하면, 고생을 해보지 못한 사람은 정이 없다는 의미입니다.

예전에 프랑스에 마리 앙투아네트라는 왕비가 있었지요. 이 왕비는 백성들이 먹을 게 없어서 아우성을 치자 "빵이 없으면 케이크를 먹으면 되잖아!"라고 말했다고 합니다.

많은 사람들이 이를 두고 매정하다고 여기지만, 마리 앙투아네트는 끼니를 굶어본 적이 없기 때문에 국민들의 고통을 이해할 수 없었던 겁니다. 즉, 당사자는 특별히 악의를 가지고 한 말이 아니었겠지만, 어쨌든 자기도 모르게 상대방에게 상처를 입히는 말을 뱉어버린 것이지요.

결국 그녀는 단두대에서 처형을 받습니다. 이러한 역사적 사실을 생각하면, 때로는 고생도 꼭 필요하다는 생각이 들기도 합니다. 다만 이 말을 오해하지는 말아주세요. 인간은 반드시 고생을 해봐야 한다는 뜻이 아닙니다. 인간은 '경험'을 통해 뭔가를 배우는 존재거든요.

> 인간은 과거의 경험으로부터 배움을 얻고, 스스로 성장해나가고, 행복을 깨달아갑니다.

따라서 모든 종류의 경험은 소중한 겁니다. 이를 꼭 기억하시기 바랍니다.

머릿속으로만 이해하는 것은 힘든 일입니다. 자신이 직접 행동하고, 문제가 생기면 그로부터 배우고, 스스로를 개선시키고, 다시 체험을 통해서 배우는 과정을 반복하다 보면 '곤란한 일은 생기지 않는다'는 말의 뜻을 분명히 이해하는 날이 올 겁니다. 그리고 나중에 가서는 **'이 문제를 극복하면 어떤 좋은 일이 생길까?'** 하고 생각하는 자신을 발견하게 될 것입니다.

고생을
사서 할 필요까진 없습니다

성공하기 위해서는 고생해야 한다는 말과 함께 '젊어서 고생은 사서도 한다.'는 이야기를 많이 들었을 겁니다. 하지만 저는 그렇게 생각하지 않습니다.

'성공하는 데 고생 따윈 필요 없다.'

'모든 인간은 행복해지기 위해서 태어났으니 고생을 해선 안 된다.'

이것이 저의 철학입니다.

저 역시 힘들게 고생해서 성공한 게 아닙니다. 고생하지 않고도 지금 이 자리에까지 올 수 있었죠.

고생을 사서 하라고요? 고생을 사는 사람이 있다면 저

도 한번 '고생'이라는 것을 팔아보고 싶네요. 그런데 저는 고생을 한 적이 없으니 팔 수도 없습니다. 아는 분께는 좀 싸게 드리고 싶어도 어쩔 수가 없네요.

이런 말을 하면 누구나 놀랍니다. '거참 이상한 말을 하는 사람이군!' 하는 눈빛으로 쳐다보죠.

사람들이 어떻게 보든 저는 개의치 않습니다. 사람은 각자 나름대로의 생각을 가지고 있으니까요. 이것은 누가 옳고 그르다는 차원으로 바라볼 문제가 아닙니다. 그저 저는 그렇게 생각한다는 걸 말하고 싶을 뿐입니다.

제가 이런 생각을 하게 된 것은 초등학교 때부터였습니다. 당시 저희 집에 종종 어른들이 모여 자신들의 고생담을 나누곤 했는데, 저는 곁에서 엿들으며 한 가지 사실을 깨닫게 되었습니다.

성공하지 못한 사람들은 대체로 잘못된 행동을 해서 고생을 하고 있더군요. 쓸데없이 자기과시를 한다든가, 수입보다 많은 지출을 하고 있다든가, 혹은 자신이 못하는 일을 하고 있는 것과 같이 말이죠.

반면 성공한 사람들의 말을 들었을 때는 **하나같이 자신이 잘하는 일을 해서 성공했다**는 것을 알 수 있었습니다.

자신이 잘하는 일이란, 결국 자신에게 쉬운 일을 뜻합니다. 그러니 고생 따위는 할 필요가 없겠지요.

그런데 이상하게도 우리 사회에는 '성공한 사람은 자신의 고생담을 말해야 한다'는 풍조가 있습니다. 성공한 사람의 고생담 중에는 '어렸을 적에 전쟁이 터져 이러이러한 고생을 했다.'는 식의 이야기가 많습니다. 괜한 시비를 걸어 죄송하지만, 그럼 전쟁 중에 고생을 안 한 사람도 있단 말입니까?

정작 성공한 사람의 이야기를 주의 깊게 들어보면, 자신이 잘하는 분야의 일을 했기 때문에 고생 같은 건 거의 하지 않았음을 알 수 있습니다.

물론 개중에는 힘겹게 고생해서 출세한 사람도 있겠지요. 그럼, 그 사람은 어떻게 성공한 것이냐고요? 그건 자신이 잘하는 분야를 택했기 때문에 출세한 게 아닙니다. 예컨대 자신이 소유하던 부동산값이 치솟아 부자가 되었다든가 하는 경우가 대부분입니다.

다시 말하지만 성공하기 위해 꼭 고생이 필요한 건 아닙니다. 학창 시절을 떠올려보세요. 선생님은 잘못을 저

지른 학생에게 "넌 복도에 나가 서 있어!"라고 말하곤 합니다. 만약 잘못을 저지르지 않았다면 당연히 그런 말을 들을 필요도 없겠지요.

> 뭔가 일이 잘 풀리지 않는다면 그것은 자기가 하는 방식이 잘못되었기 때문입니다. 그 잘못을 고치기만 하면 고생은 사라집니다.

원래 행복의 기준은 사람마다 다른 겁니다

앞서 말했듯 저는 '세금을 얼마나 많이 낼 수 있는가?' 하는 게임을 즐겼습니다. 하지만 납세 순위 1위에 오르는 것을 목표로 하진 않았습니다. 믿지 않을지도 모르겠지만, 이는 사실입니다.

물론 부자가 되고 싶기는 했지만 납세 순위 1위가 되기 위해서 열심히 일한 것은 아닙니다. 그저 **'언제 어디서든 즐거운 사람'**이 되고 싶었을 뿐이지요.

인간은 그저 가만히 있어도 살아갈 수 있는 존재가 아닙니다. 뭔가 일을 해야 합니다. 그리고 좋든 싫든 돈이 없으면 살아갈 수 없습니다.

"나는 돈 없이도 살 수 있어요."

이런 말을 하는 사람도 있지만, 누가 대신 일을 해서 돈을 벌어주는 경우에나 해당되는 말이죠. 실제로 돈이 한 푼도 없는데 살아갈 수 있는 사람은 어디에도 없습니다.

그럼 "돈이 충분히 많으면 행복한가?"라고 묻는 분도 있겠지만 꼭 그렇지만도 않습니다.

예를 들어 일이 너무 싫어 회사에 있는 시간이 짜증 난다면 퇴근하고 술을 마셔도 행복하지 않겠지요. 그리고 일이 잘 풀리고 있더라도 건강이 안 좋으면 그 역시 행복하지 않을 겁니다.

따라서 행복이라는 것은 자동차에 달린 바퀴에 비유할 수 있습니다. 네 개 바퀴 중 어느 한 개라도 '펑' 하고 터지면 그 차는 달릴 수 없는 이치와도 같지요.

그러나 행복의 기준이라는 것은 사람마다 다릅니다. 제가 생각하는 행복과 여러분이 생각하는 행복 또한 물론 다를 겁니다. 따라서 어떤 사람이 "난 샤넬 백만 있으면 행복해!"라고 해도 손가락질할 수는 없습니다.

다만, 저의 경우 천 원짜리 싸구려 가방을 맨다 해도 전혀 상관없습니다. 굳이 비싼 돈 주고 샤넬 백을 사지 않아도 행복하니까요.

> 저의 행복과 여러분의 행복을 비교할 생각은 전혀 없습니다. 행복은 어디까지나 각자의 마음이 결정하는 것이기 때문입니다.

따라서 제가 말하는 것은 그저 참고만 하시고, 각자 스스로 자기 나름대로 행복을 찾으면 됩니다.

행복을 찾기 힘든 사람은 어떻게 하면 좋으냐고요?

책을 읽어보세요. **책에 모든 힌트가 있습니다.** 세상의 수많은 책들은 이럴 때 정말 큰 도움이 됩니다. 열심히 여러 종류의 책을 읽다 보면 자신에게 딱 들어맞는 진정한 행복이 어떤 건지 분명히 알게 될 겁니다.

필요 없는 것을 많이 가지려 하면
고통으로 돌아옵니다

옛날 어느 영주는 100만 섬의 쌀을 가진 엄청난 부자였다고 합니다. 하지만 그 100만 섬이나 되는 쌀을 영주 혼자서 다 먹었다는 기록은 어디에도 없습니다. 100만 섬의 쌀로 자신의 가족, 부하, 그리고 부하의 가족들까지 부양했던 것이죠. 물론 건축물을 유지하고 보수하는 비용도 들었겠지만요.

예전부터 저는 이런 말을 곧잘 들어왔습니다.

"사이토 씨는 돈이 많아서 참 좋겠네요."

그런데 이 말 뒤에는 늘 어색한 침묵이 남습니다. 그 침묵에는 아마도 '하지만 난 돈이 없어요. 그래서 행복하지 않단 말입니다.' 하는 뜻이 담겨 있는 것 같습니다.

물론 손님들이 우리 회사의 상품을 많이 사주신 덕분에 큰돈을 벌 수 있었으니 저는 행복합니다.

하지만 저는 상인입니다. 그리고 상인에게는 많은 돈이 필요합니다. 생선가게에는 생선이 많아야 하고, 야채가게에는 야채가 많아야 하듯이 말입니다.

사업이란 것은 재료를 구입하든 전단지를 돌리든, 무슨 일을 하든 간에 돈이 들기 마련입니다. 또, 거래처에 제때 돈을 줄 수 있으려면 안정된 경영을 해야 하지요. 그래서 저에게는 많은 돈이 필요합니다. 때문에 "돈이 많으니까 참 좋겠네요."라는 말을 들으면 저는 뭐라 대답해야 할지 몰라 순간 말문이 막히곤 합니다.

> 큰 사업을 하는 사람도 아닌데 많은 돈을 갖는다는 것은, 일반 가정집이 야채가게를 차릴 수 있을 만큼 많은 야채를 갖고 있는 것과 다름없습니다.

온 집안에 야채가 널려 있어 지나다니는 것조차 불편한 생활을 굳이 할 필요가 있을까요? 그 많은 야채를 다 먹기도 힘들 겁니다. 일반 가정집에는 그저 냉장고에 들어갈 정도의 야채만 있어도 그것만으로 충분히 행복한 상황이라 할 수 있죠.

중국의 양쯔강揚子江에는 수달이 사는데, 중국인들은 이런 말을 한다고 합니다.

"수달은 양쯔강의 모든 물을 마시려고 덤비지 않는다."

당연한 말이죠. 만약 그런 짓을 했다간 배가 터져 죽어버릴 테니까요. 수달은 자기가 마실 수 있는 만큼의 물만 마시니까 살아갈 수 있는 것입니다.

돈을 포함한 다른 것도 마찬가지입니다. 자기한테 필요 없는 것을 자꾸 많이 얻으려 하면 오히려 고통을 받는 법이죠.

저는 뭐든지 적당한 게 좋다고 생각합니다. 그래야 삶이 행복해질 수 있으니까요.

슬픔과 어울리지 않는 행동을 할 때 우울함이 날아갑니다

사실 이 세상은 굉장히 단순합니다. 웃음이 나올 정도로 단순하죠.

예전에 제 친구 한 명이 우울증에 걸린 적이 있습니다. 당시 저는 거의 매일같이 그 친구를 한국음식점에 데려갔는데, 철판 위에 갈비를 굽던 그의 표정이 아직도 눈에 선합니다.

땀에 젖어 번들거리는 이마에 행복한 표정으로 고기를 쉴 새 없이 먹어대면서 "아줌마, 여기 갈매기살 추가요!" 라고 외치더군요. '이 친구가 정말 우울증에 걸린 게 맞나?' 의심스러울 정도였습니다.

결국 이 친구는 저와 함께 며칠간 그 가게를 들락거리다가 어느새 우울증에서 벗어나게 되었습니다.

제가 병을 고친 게 아닙니다. 그냥 자연스럽게 나은 것이지요. 그렇다면 왜 나았을까요? 그건 **어울리지 않은 짓을 했기 때문입니다.**

우울증에 걸린 사람이 행복한 표정으로 갈비를 뜯어 먹는 건 어울리지 않습니다. 환자에게 전혀 어울리지 않는 행동을 하다 보니 저절로 병이 나은 게 아닐까요? 이것은 어디까지나 개인적인 의견이니 믿든 말든 상관은 없지만, 실제 제 주위에서 일어났던 일인 건 분명합니다.

암에 걸린 환자도 웃게 만들면 면역력이 올라가 암 퇴치에도 도움을 준다고 합니다. 어떻게 해서 웃음이 암을 퇴치하는지를 과학적으로 따지는 건 골치 아프겠지만, 어쨌든 이것도 결국 환자와 어울리지 않는 행동을 해서가 아닐까요? 암이라는 중병에 걸린 환자가 큰 소리로 웃는 건 어울리지 않죠. 그러니까 병이 치료되는 겁니다.

물론 병원에 가지 않아도 병이 낫는다는 말은 아닙니다. 병에 걸렸다면 당연히 병원에 가서 제대로 치료를 받아야겠지요. 하지만 병원에서 치료를 받는 것 외에도 꼭 해야 하는 일이 많이 있습니다.

그중 하나가 바로 "운이 좋다."라는 말을 하는 겁니다. 이 말을 하면 실제로 운이 좋은 사람이 될 수 있습니다.

'아니, 그렇게 단순하단 말야?' 하고 의심하는 사람도 있을 테죠. 하지만 해답은 늘 단순합니다. 단순한 게 최고 아닌가요?

옛날 사람들은 너무 어려운 말을 많이 했습니다. '머리를 식히면 불같은 더위도 견딜 수 있다'느니, '몸과 마음과 기술이 삼위일체를 이뤄야 한다'느니 하면서 말이죠. 저는 평범한 사람이라 이게 도통 뭔 소리인지 모르겠습니다.

> 만약 여러분도 이게 이해가 안 간다면, 그저 "운이 좋다, 운이 좋다."라고 말하면 됩니다. 그리고 '운이 좋다.'고 하다 보면 자연스레 기분 좋은 일을 생각하게 될 겁니다.

우울한 사람이 "난 운이 좋아."라고 말하지는 않겠지요. 어두운 표정으로 이 말을 할 수는 없습니다. 따지고 보면 이 또한 우울함과 어울리지 않는 행동인 셈입니다.

저의 제자들도 원래 평범한 사람들이었지만, 이 말의 위력을 가르쳤더니 모두 자신의 회사를 가지게 되었고 사업에도 성공하여 억만장자가 되었습니다.

이런 얘기를 해도 사람들은 잘 믿질 않습니다. 사실 제가 여러분의 입장이라 해도 절대 안 믿었을 겁니다. 따라서 이 말을 믿지 않는 사람이 오히려 정상인 겁니다. 그러니 이때도 '아, 나는 정상인이구나. 난 운이 좋구나!' 이렇게 생각하세요.

하루하루 살다 보면 여러 일을 겪게 되지만, 어떤 말을 내뱉은 다음, 말끝에 꼭 '운이 좋다'는 말을 붙여보기 바랍니다. 예를 들어 "이런, 오늘은 아침부터 비가 오네."라고 말했다면, 그러고 나서 바로 "하지만 난 운이 좋아."라고 내뱉는 식으로 말이죠.

그게 뭐가 운이 좋은 거냐고요? 그런 것은 따질 필요가 없습니다. '이유는 잘 모르겠지만 하여튼 나는 운이 좋다.'라고 생각하면 충분합니다. 이유를 따질 시간이 있으면 차라리 그 시간에 '운이 좋다.'고 말하는 게 좋습니다.

불안함은 살아 있다는 증거입니다

살아가는 데 있어 없어서는 안 되는 것 중 하나가 바로 '불안'입니다. 이상한 사람이 하는 말이니까 믿기 싫은 분은 믿지 않아도 괜찮습니다. 어디까지나 이건 사견일 뿐이니, 꼭 이 말이 옳다는 건 아닙니다.

왜 불안을 없애려 하면 안 되는 걸까요? 인간은 원래 불안과 함께 살아가는 존재이기 때문입니다.

어느 나라의 총리가 되든, 엄청난 부자가 되든, 무슨 일을 하든 간에 불안은 늘 따라다닙니다. 불안이 완전히 사라질 때는 바로 이 세상을 떠났을 때겠지요. 삶을 마감하고 저세상으로 갈 때야 비로소 완전한 평온을 느낄 수 있을 겁니다.

최근 신문이나 텔레비전을 통해 연금제도가 불안하다는 뉴스가 나와서 그런지 '나의 미래가 걱정되고 불안하다'는 사람이 부쩍 늘었습니다. 동시에 어떻게 하면 편안한 마음으로 살아갈 수 있을지를 고민하는 사람도 많아진 것 같습니다.

하지만 이런 것은 고민한다고 해결될 문제가 아닙니다. 그저 내버려두는 수밖에 없어요.

내버려둔다는 것은 자포자기 상태가 되라는 뜻이 아닙니다. 여기서 내버려둔다는 것은 '문제를 제대로 바라보라.'는 뜻입니다.

대체 무엇을 제대로 바라보라는 것이냐 하면, 인간이란 원래 불안한 존재이며, 살아 있는 동안 불안이 완전히 사라지지 않는다는 사실을 직시하라는 것이지요. 어느 정도 불안이 있는 게 정상입니다. **불안은 삶을 살아가고 있다는 증거니까요.**

재미있는 것은 불안한 게 정상이라는 생각을 하게 되면

의외로 불안이 없어진다는 겁니다. 반대로, 없앨 수 없는 것을 억지로 없애려 하면 괜히 무리하게 되고 스스로를 괴롭히게 되지요. 아무리 그게 고통스러워도 없앨 수 없는 것은 사라지지 않습니다.

싫다고 생각하는 순간 고통이 찾아옵니다. 따라서 불안을 무작정 싫어하지 말고 즐겨보세요. 그것을 이용해서 인생을 즐겨보는 겁니다. 그저 싫다는 생각만으로는 아무것도 해결되지 않습니다.

'그래, 나는 지금 불안을 느끼고 있어. 이 상황에서 내가 할 수 있는 것은 무엇일까?'

이렇게 생각했을 때 비로소 적절한 행동을 취할 수 있고, 현실을 바꿀 수 있는 겁니다.

완벽주의를 버리면 인생이 즐거워집니다

저는 완벽주의자가 아닙니다. 스스로를 '불완벽주의자'라고 부르죠. 왜냐하면 제 스스로가 완벽하지 못한 인간이기 때문입니다.

일본의 정밀기계는 정밀도가 높다고 하는데, 그럼에도 1밀리미터의 만분의 일 정도의 오차는 있다고 합니다. 회사 측에서는 그 먼지만 한 오차를 다시 줄이려고 노력합니다. 그런데, 그렇게 해도 10만분의 일의 오차가 또 생긴다고 합니다. 역시 인간은 완벽한 존재가 아니니 어쩔 수 없는 것이지요.

'78 대 22의 법칙', 일명 '유대인의 법칙'이라는 게 있습니다. 이 법칙에 의하면 인간이 하는 일은 아무리 잘해도 '78퍼센트'가 최고치라고 합니다.

인간은 누구나 일을 할 때 완벽을 추구합니다. 그런데 실제로 해보면 100퍼센트 완벽하게 할 수는 없습니다. 암만 해봤자 78퍼센트가 최고 수치죠. 따라서 당신이 아무리 완벽주의자라 해도 100퍼센트를 할 수는 없습니다.

완벽주의자는 완벽하게 일 처리를 하지 못했을 때 스스로를 탓하거나, 다른 사람을 탓하거나, 여하튼 누군가를 탓하기 마련입니다. 결국 자기 자신이 싫어지거나, 다른 사람으로부터 미움을 받거나 둘 중 하나가 됩니다.

바로 이런 이유 때문에 저는 완벽주의자가 되려 하지 않는 겁니다. 물론 완벽주의자와 불완벽주의자 중 어느 한쪽이 옳고 어느 한쪽이 나쁘다고 말하고 싶은 건 아닙니다. 개인적인 취향이 불완벽주의자라는 것뿐입니다.

하지만 완벽주의가 싫다고 해서 일을 대충해도 된다는 건 아닙니다. 일을 할 때는 당연히 100퍼센트를 추구해야죠. 하지만 인간이 하는 일은 어차피 최고가 78퍼센트이니까, 결과야 어찌 되었든 '참 잘했다.'고 말하면 되는 겁니다.

그러고 나서 내가 할 수 없었던 22퍼센트에 대해서 다시 점검하고, 다음번부터 부족한 부분을 개선하면 됩니다. 이런 과정을 거치면 사람은 성장할 수 있습니다.

다음에 부족한 점을 보완해서 일처리를 했다고 해도 역시 완벽하지는 않습니다. 그때도 결과는 마찬가지로 78퍼센트겠죠. 그러면 또다시 미흡한 22퍼센트를 점검하면 됩니다.

이 과정을 끊임없이 계속하다 보면 인간은 어느덧 '자기완성'에 도달할 수 있습니다.

그래서 인생이 즐거운 겁니다. 아무리 완벽을 추구해도 완벽해질 수 없으니까 지루하지 않은 거지요. 어때요, '불완벽주의자'에게도 나름대로 좋은 점이 있지요?

남에게 뭔가를 가르치든 배우든 완벽주의를 버리면 즐거워집니다. '완벽하게 일처리를 못하는 사람은 용서가 안 된다.'는 태도를 가지면, 가르치는 쪽도 배우는 쪽도 피곤해질 뿐입니다.

완벽주의에 집착하다 보면 일을 배우는 입장에서는 도

전하려는 의욕이 사라집니다. 한번 의욕이 사라진 사람에게 뭔가 일을 시키는 데에는 엄청난 에너지가 소모됩니다. 굉장히 피곤한 일이지요.

그저 이런 마음가짐이면 충분합니다.

'완벽하지 않은 인간끼리 조금이라도 노력해서 완벽에 가까워지도록 서로 도와주자.'

그리고 이 한마디가 모두를 행복하게 하죠.

"우리 같이 열심히 한번 해봅시다!"

주행차선, 추월차선을 번갈아 타면서 자유를 만끽하세요

조금 어려운 내용이라 이제껏 사람들에게 말하기를 꺼렸던 이야기를 해볼까 합니다. 바로 '수라修羅의 길'에 관한 이야기입니다. 수라의 길이란, 화염지옥과 얼음지옥 따위의 지옥 사이에 있는, 가늘고 구불구불한 길을 말합니다.

화염지옥에 빠지면 불에 타고 얼음지옥에 빠지면 몸이 얼어붙겠지만, 이 수라의 길을 가면 불에 타는 일도, 얼어붙는 일도 없습니다. 따라서 이 길이야말로 '성공의 길'이라 할 수 있습니다.

예컨대 '건강보조식품'이라는 게 그렇습니다. 의약품과

식품의 접점에 있지요. 건강보조식품이 많은 소비자들의 지지를 받고 거대한 산업으로 발전할 수 있었던 비결은 수라의 길을 걸어갔기 때문입니다.

항간에서는 성공을 위해서 때론 다른 사람과 경쟁하며 서로 발을 잡아당기는 것도 필요하다고 합니다. 하지만 수라의 길을 걷는 데 있어 그런 건 필요 없습니다. 이 길은 이른바 제트기류jet氣流에 비유할 수 있거든요. 제트기류는 따듯한 바람과 차가운 바람 사이를 시속 300킬로미터 정도의 속도로 달리는 바람을 말합니다. 이 제트기류에 풍선을 띄우면 태평양도 횡단할 수 있다고 하더군요.

수라의 길도 마찬가집니다. 이 길에 올라타기만 하면 편안하게 성공이라는 목적지에 도달할 수 있습니다. 가만히 있어도 멋대로 운반해주니 허겁지겁 달릴 필요도 없고, 서로 발을 잡아당길 필요도, 누구를 험담하고 모함할 필요도 없습니다. 그런데 재밌는 것은 이 길이 1차선 도로가 아니라는 겁니다. 3차선 고속도로라고나 할까요?

따라서 때로는 주행차선을, 때로는 추월차선을 달리면서 자유롭게 운전을 즐기면 됩니다. 이렇게 운전을 즐길 줄 아는 사람이 결국 성공을 거머쥡니다.

조금 내용이 어려웠나요? 죄송합니다. 제자들에게 말을 하거나 책을 쓸 때는 가급적 알기 쉽게 쓰려 하는데도 내용이 모호해지거나 모순점이 생기기도 한답니다. 이 점에 대해서는 저도 변명할 생각이 없습니다. 그런데 인간에게는 다소 애매한 면도 필요하지 않을까요?

'이 길만이 올바른 길이니까 반드시 이 길로만 가라!'라고 하는 것은, 마치 화물트럭에 시속 80킬로미터까지만 달릴 수 있는 엔진을 장착하는 것과 같습니다.

삶이라는 것에는 평탄한 길만 있는 게 아니지요. 오르막도 있고 내리막도 있습니다. 또, 그때그때 상황에 따라 앞서기도 하고, 뒤처지기도 하죠.

그런데 화물트럭이 80킬로미터밖에 달릴 수 없다면 흐름이 막힐 수도 있고, 자칫 사고가 날 가능성도 있습니다.

물론 이론상으로는 최고 시속 80킬로미터로만 달려도 별문제가 없을지도 모릅니다. 하지만 현실은 이론이 통용되지 않는 경우가 많죠. 그렇기 때문에 얼마간의 융통성이 필요한 법입니다.

자동차의 경우도 핸들, 액셀러레이터, 브레이크와 같은 '놀이' 도구가 있으니까 원활하게 달릴 수 있듯이, 우리네 삶도 마찬가지입니다. '놀이'가 필요하지요.

명확한 이론을 '주장'하는 건 쉽습니다. 80킬로미터밖에 달릴 수 없는 엔진을 달면 그만이니까요. **하지만 '이 방법밖엔 없다'는 말을 들으면 사람은 위축됩니다.** 그리고 결국 움직일 수도 없게 됩니다.

성공으로 가는 길을 너무 좁게 생각하고 완벽만을 추구하다 보면 어느새 실패의 길에 접어들게 될 것입니다. 때로는 융통성도 필요하다는 사실을 잊지 마세요.

두려움을 없애려면 싫어하는 일을 해야 합니다

옛날 사람들은 100미터 달리기 기록은 절대 10초의 벽을 깨지 못할 것이라고 장담했습니다.

그런데 누군가가 그 벽을 깨자 세상 사람들은 깜짝 놀랐죠. 요즘에야 9초대를 달리는 선수가 많이 나와 이제는 놀라지도 않지만요.

아마도 이러한 기록의 벽은 앞으로도 끊임없이 깨질 겁니다. 왜냐하면 인간은 한계를 모르는 존재니까요.

그런데 한편으로는 인간은 살아가면서 여러 가지 제약을 받기도 합니다. 환경, 지역의 풍습, 생활문화, 사회제도 등 많은 제약들이 있지요.

그중 가장 골치 아픈 것이 바로 '자신의 마음이 멋대로 만드는 제약'입니다.

마음이 만든 제약, 저는 그것을 '두려움'이라 부릅니다. 뭔가 새로운 일, 자신이 겪어보지 못한 일과 마주하면 누구나 두려움을 느끼는 법이죠. 이 두려움을 극복하기 위해서는 자신이 가장 싫어하는 일을 해야만 합니다. 그런데 대체로 자기가 싫어하는 일이 바로 '한계의 벽'을 만듭니다.

예를 들어, 저는 글 쓰는 걸 싫어합니다. 또, 유명해지는 것도 싫습니다. "왜 유명해지는 것이 싫습니까?"라는 질문을 받기도 하는데, 싫은 건 그냥 싫은 거죠. 생선을 싫어하는 사람이 있는가 하면 좋아하는 사람도 있듯이, 유명해지기를 원하는 사람이 있는 반면 그렇지 않은 사람도 있는 법입니다.

저는 지금까지 사소한 행복을 발견하는 것을 기쁘게 여겨왔었고, 정말로 소박한 삶을 살아왔기에 '일상의 사소한 것들'을 앞으로도 소중히 여기고자 합니다.

그런데 어느 날 제자 한 명이 저를 찾아와서 이런 말을 하더군요.

"출판사에서 히토리 씨의 총서叢書를 낸다고 하니 빨리 원고 좀 써주세요."

그런데 '총서'라고 하면 왠지 지식인들이 읽는 책이라는 이미지가 떠오릅니다. "학교에서 도통 공부를 하지 않은 나 같은 인간이 그런 책을 써도 될까?" 하고 제자에게 반문해봤지만 결국 도망치지 못했습니다. 상대방이 저보다 한 수 위였던 것이죠.

누구나 어려운 상황에 처했을 때 도망칠 수만 있다면 도망가고 싶어 합니다. 물론 저도 그렇습니다. 하지만 도망갈 수 없을 때는 어떻게 해야 할까요?

마음을 비우고 한번 해보는 수밖에 없습니다. 설사 자신이 하기 싫어하는 일이라도 한번 해보면 한계를 넘어설 수 있습니다. 그리고 그러는 와중에 깜짝 놀랄 기적이 일어납니다.

"도리에 맞는 일을 하는 것이
가장 득이 됩니다"

3강

돈

돈을 불러모으는 것은 '요령'이 아니라 '사람'입니다

저는 어느덧 일본에서 세금을 가장 많이 내는 사람이 되었습니다. '일본 최고의 부자'라고도 불리게 되었고요.

하지만 아무 일도 하지 않고 그저 '운이 좋다'는 말만 해서 이렇게 된 것은 아닙니다. 저는 그동안 일하는 것이 좋아서 열심히 일했습니다. 사업이라는 것은 경마처럼 한 방에 승부할 수 있는 게 아닙니다. 이익을 끊임없이 창출해야만 하지요.

그런데, 손님들이 기뻐하는 일을 하지 않으면 이익은 나지 않습니다. 따라서 저는 **'어떻게 하면 손님들을 기쁘게**

할 수 있을까?'를 늘 연구하며 상품을 만들어왔고, 물론 지금도 그렇게 하고 있습니다. 그렇기 때문에 저는 부자가 될 수 있었던 겁니다.

여러분 중에는 뭔가 특별한 성공 비법을 기대하고 이 책을 읽는 분들도 있을 겁니다. 그런 분들께는 이렇게 너무나도 당연한 이야기를 해드려서 정말 미안합니다만, 진실이 그러하니 저도 어쩔 수 없습니다.

'일본 최고의 부자가 될 정도라면 뭔가 특별하고 신기한 재능이 있는 게 아닐까?' 하고 생각하는 분들이 많은데, 돈이라는 것은 일하지 않으면 벌 수 없는 겁니다.

그럼에도 "사이토 씨는 돈과 관련해서 뭔가 특별히 하는 일이 있습니까?"라는 질문을 종종 받습니다. '장사'에 관해 묻는 게 아니라 '돈'에 관해 뭔가 하는 일이 있느냐고 묻는 것이지요.

그럼 저는 "돈이 흉하게 구겨져 있으면 안 되니까 그림을 맞춰 가지런히 두는 정도입니다." 하고 대답합니다. 그런데 이건 너무나 당연한 거죠. 벽에 그림을 걸 때 거꾸로 걸지 않듯이 말입니다.

그런데 어느새 제가 한 말이 '돈의 그림을 맞춰 가지런히 지갑에 넣어두면 부자가 된다.'느니, '사이토 씨는 매일 밤 돈을 다리미질하고 있다.'느니 하는 식으로 퍼져나가더군요.

물론, 이는 웃으면서 넘어갈 수 있는 농담이라 생각합니다. 실제로 이런 일은 절대 있을 수 없겠지요. 여러분도 농담은 그저 농담으로만 즐기시기 바랍니다.

우리네 상인들은 돈을 곧잘 '다리'에 비유하곤 합니다. 그런데 이제껏 돈이 스스로 걸어가는 모습을 본 사람은 없습니다. 그렇다면 어떻게 하면 돈이 나한테 오게 할 수 있을까요?

> 돈을 자기한테 오게 하는 것은, 바로 '사람'입니다.
> 이 명확한 사실을 잊어버렸다간 당신이 고생합니다.

돈에게도
주인을 선택할 권리가 있습니다

한 강도가 식칼로 사람을 찌른 사건이 일어났다고 칩시다. 이것은 식칼이 잘못한 걸까요, 사람이 잘못한 걸까요?

식칼은 음식을 자르기 쉽게 만든 도구입니다. 사람을 찌르기 위해 만든 것이 아니죠.

여러분도 다 아시겠지만 사람이 상처를 입었다고 해서 식칼한테 잘못이 있는 건 아닙니다. 따라서 두말할 필요도 없이 식칼로 찌른 사람의 잘못이지요.

이제 화제를 '돈'으로 돌려봅시다. 부자가 되니 갑자기 태도가 돌변하는 사람이 있습니다. 반대로 돈이 떨어져서 강도 짓을 하는 사람도 있지요. 그렇다면 이는 돈의 잘못일까요, 사람의 잘못일까요?

물론 이 경우에도 태도가 변해버린 사람, 강도 짓을 한 사람이 잘못한 겁니다.

그런데 이때도 "저 사람은 돈 때문에 변했어."라고 말하는 분이 있습니다. 심지어 "돈 때문에 저 사람은 범죄를 저지를 수밖에 없었던 거야."라며 두둔하는 경우도 있고요.

하지만 제가 볼 때 이런 논리는 '식칼로 사람을 찔러 상처를 입힌 것은 식칼 때문이다.'라고 주장하는 것과 마찬가지입니다.

자동차 중에는 굉장히 힘이 센 차가 있습니다. 그런데 이런 차를 운전할 때는 나름의 기술이 있어야 합니다. 그러지 않으면 금방 다른 차와 충돌해버릴 테니까요.

사람들 중에는 이런 차를 몰고 술에 돌진하는, 다시 말해 술에 돈을 왕창 퍼붓는 사람이 있는가 하면, 명품에 빠져 돈을 물 쓰듯 하는 사람도 있지요.

돈이라는 것은 엄청난 힘을 가진 자동차와 같습니다. 하지만 운전 기술도 없는 사람이 이런 차를 몰다가 사고를 낸 경우에도 운전이 서툰 사람의 잘못이지, 자동차의 잘못은 아닙니다.

돈에 대해 나쁘게 말하는 것은 그 사람의 자유입니다만, 누군가 당신에게 '더러운 놈'이니 '나쁜 놈'이니 하면, 그 사람과 같이 있고 싶겠습니까? 돈도 마찬가지입니다. **돈에게도 자신의 주인을 선택할 권리가 있는 겁니다.**

저는 돈은 '좋은 것'이라 생각합니다. 신이 인간에게 준 최고의 아이디어 중 하나라고 여기지요. 왜냐고요? 돈이 없으면 옛날처럼 물물교환을 해야 합니다. 도쿄에서 오사카까지 가는 데 쌀가마가 필요하다고 생각해보세요.

> 신은 인간들을 고생시키지 않기 위해 '화폐'라는 아이디어를 준 것입니다.

돈이 신의 배려에 의해 생긴 아이디어라고 생각하면 감히 돈에 대해 더 이상 나쁜 말을 할 수 없을 겁니다. 또, 돈을 좀 더 소중히 다루게 되겠지요.

돈을 쓰는 사람에게 지혜가 있을 때 돈이 힘을 갖습니다

"돈에 대한 가치관을 확립한 건 언제쯤입니까?"

예전에 어느 잡지사 기자가 이런 질문을 하더군요. 그때 저는 이렇게 대답했습니다.

"어렸을 적에 부모님으로부터 용돈을 받으면 흘리지 않고 가게까지 잘 들고 가서 과자를 사 오곤 했습니다. 지금의 가치관도 그때와 별반 다를 바가 없습니다."

정말로 그렇습니다. 제가 돈에 대해 뭔가 보통 사람과 특별히 다른 가치관을 가졌기 때문에 부자가 되었다고 생각하는 분도 있지만, 그건 절대 아닙니다.

만약 돈에 대한 어떤 가치관이 부자를 만들어준다고 한

다면, 사실 누구든지 부자가 될 수 있겠지요. 하지만 현실은 어떻습니까? 안 그렇지요? 따라서 부자가 되기 위해 무슨 거창한 가치관이 필요한 것은 아닙니다.

여기서 잠깐, 꼭 말하고 지나가고 싶은 게 있습니다. 바로 돈이 가져다주는 고통, 그리고 돈이 지닌 힘에 관한 이야기입니다.

세상에는 돈이 화를 부른다는 얘기도 있습니다만, 돈 자체가 화를 부를 리는 없습니다. 만약 돈 때문에 고생한다면 그것은 필요 이상의 돈을 추구하기 때문이거나, 필요한 돈이 없기 때문이거나 둘 중 하나죠.

하지만 돈 그 자체 때문에 고생하는 일은 없습니다. 월급이 깎이면 마음은 좀 상하겠지만, 사실 그 또한 개인의 사고방식에 따른 문제입니다. '돈이 어마어마하게 많으면 뭔가 대단한 힘이 생기지 않을까?' 하고 생각하는 사람도 있지만, 과연 정말로 그럴까요?

최근 몇천억 원이나 되는 세금으로 전국 각지에 호텔 수준의 보양 시설이 세워졌지만, 그렇게 많은 세금이 제대로 활용되었던가요? 유감스럽게도 그런 것 같지는 않습니다.

폭포수를 소주잔으로 받으면 소주잔만큼의 물만 받을 수 있지요. 만약 양동이로 받는다면 양동이 크기만큼의 물만 받을 수 있고요.

돈도 마찬가지입니다. 돈을 쓰는 사람에게 지혜가 있을 때 비로소 돈이 힘을 갖는 법입니다.

> 비록 적은 돈이라도 그것을 쓰는 사람에게 지혜가 있으면, 그 돈은 힘을 발휘할 수 있습니다.

지금 당장 몇억 원이라는 돈이 없어도 끼니를 거르고 있는 사람에게 빵 한 조각이라도 건네줄 수 있다면, 그 돈은 힘을 얻게 됩니다.

비록 빵 한 조각일지라도 그걸 받는 상대방은 '매정한 세상인 줄 알았는데 아직 정이라는 게 살아 있구나. 포기하지 말아야지!' 하고 마음을 고쳐먹고 앞으로 열심히 살아갈 수도 있지 않겠습니까? 빵 한 조각의 가격은 얼마 안 될지 모르지만, 이럴 때는 엄청난 힘을 발휘하는 것이지요.

돈 자체에 무슨 대단한 힘이 있는 건 아닙니다. **그 돈을**

어떻게 활용할지 생각하고, 돈을 활용하는 지혜를 갖게 되었을 때, 비로소 돈은 자신의 진정한 힘을 드러냅니다.

'사람은 늙는다'는 사실을 받아들이는 것도 경제관념입니다

"앞으로는 연금만으로 먹고살기 어려운 사회가 될 것 같은데, 이런 상황에서 어떻게 살아가면 좋을까요?"

예전에 누군가로부터 이런 질문을 받은 적이 있습니다. 이에 대한 저의 답변은 이렇습니다.

"가장 중요한 것은 경제관념을 가져야 한다는 겁니다."

경제관념이라고 해서 무슨 경제학책에 나와 있는 어려운 개념을 말하는 건 아닙니다. '사람은 누구나 나이를 먹는다.'는 단순한 사실을 알고 있는 것만으로 충분합니다.

자동차의 경우 5년, 10년을 타다 보면 슬슬 새 차로 바꾸고 싶은 마음이 생기고, 실제로 바꾸기도 합니다. 하지만 우리네 인간은 그럴 수 없습니다. 차를 바꾸듯 몸을 바꿀 수는 없으니까요. 50세가 되든 60세, 70세가 되든 이 몸 이대로 살아가야만 합니다.

우리의 몸은 나이가 들어감에 따라 서서히 기능이 약해집니다. 당연히 수리비가 들지요. 그래서 직장인에게는 정년퇴직이란 게 있는 것이고요.

게다가 여성들은 꾸준히 아름다움을 유지하려고 합니다. 그러니 화장품에 쓰는 돈도 30대가 되면 20대에 쓰던 수준의 세 배로 뛰어오르죠. 그럼, 40대, 50대가 되면 어떻게 될까요? 더 이상 이야기할 필요도 없겠네요.

> 하여튼 사람은 누구나 나이를 먹습니다. 이 사실을 알면 지금부터 뭘 해야 하는지를 알 수 있습니다. '연금만 믿을 수는 없으니 저축을 해야겠다.'는 식으로 말이죠.

따라서 '사람은 나이를 먹는다.'는 사실을 생각하며 살아가면 그것만으로도 충분합니다. 이는 경제관념이라기보다 '생활관념'이라고 할 수 있겠네요.

다만, 경영자들은 이 정도 관념만 가지고 있어서는 안 됩니다. 경영자라면 누구나 자기 회사의 직원과 거래처를 껴안고 가야 하기 때문입니다. 하지만 경영자가 아닌 사람들까지 경영자에게 요구되는 경제관념 같은 걸 알고 있을 필요는 없습니다.

그러니 '나도 언젠가는 나이를 먹고 늙는다.'는 사실, 이것만은 알아둡시다.

내가 가진 것을 유지하는 게 훨씬 대단한 일입니다

사업하는 사람에게 간혹 "당신은 몇 대째 그 일을 하고 있습니까?"라고 묻는 사람이 있습니다. 저 또한 이런 질문을 받곤 합니다. 사실 그때마다 "제가 1대째입니다."라고 대답하지만 정확히 따지면 저의 어머니가 1대입니다. 긴자 일본한방연구소의 초대 사장은 어머니이거든요.

물론 회사를 일으키고 실제로 경영을 한 것은 저였지만, 예전부터 제가 사람들 앞에 나서는 걸 싫어해서 어머니께 부탁하여 저 대신 사장 자리에 앉으시도록 한 거죠. 이런 의미에서 저는 엄밀히 2대째라고 할 수 있습니다.

그런데 1대든 2대든 사업하는 데에는 별 관계가 없습

니다. 그런데 사람들은 왜 이런 별 상관도 없는 것을 묻는 걸까요? 더욱 이상한 것은 1대에게는 "정말 훌륭하군요." 라고 말하지만, 2대째인 사람에게는 '흐음, 그래?' 하는 식의 조금 삐딱한 시선을 던진다는 겁니다. 아마도 "부모 잘 만나서 호강하네요."라는 말을 하고 싶은 것이겠지요.

그런데 1대는 훌륭하고 2대는 그렇지 않다는 법이라도 있답니까?

> 회사를 만드는 것은 물론 대단한 일입니다. 하지만 그것을 유지하는 것이 훨씬 대단한 일입니다.

2대 경영자는 부모가 남긴 것을 껴안고 사업을 해야 합니다. 부모님이 사업할 때 필요했던 시설, 설비, 사람 등이 자신이 사업을 하는 때에는 필요 없어질 수도 있습니다. 따라서 2대들은 이런 문제들을 해결해가야만 하죠.

시대가 변해서 이런 것들을 꼭 정리해야 하는데도 사람들로부터 "아버지는 좋은 분이셨는데 아들은 참 매정하군요." 하는 말을 듣기도 합니다. 2대가 1대보다 더 힘이 들지만, 사람들이 2대에게 동정심을 보내지는 않습니다.

그러나 2대는 최신 설비를 갖춘 자동차들이 즐비한 대회에서 클래식 카를 가지고 임해야 하는 입장과 같습니다. 오래된 차의 이곳저곳을 고치고, 부품에도 신경을 쓰면서 승부를 겨뤄야 하는 것이지요.

그래서 저는 2대째 사업가를 존경하고, 또 응원합니다. 하지만 한 가지 주의해야 할 점이 있습니다. 2대는 대개 부모들이 좋은 학교도 보내고, 유학도 보내주지요. 그런데 **'부모가 시켜준 것은 99.9퍼센트 도움이 되질 않는다.'**고 생각하는 게 좋습니다.

일류 대학 경제학과를 나와 지식이 많다고 해도, 경제학을 가르치는 교수는 어디까지나 학자일 뿐입니다. 회사를 운영하는 경영자도, 사업가도 아니지요.

물론 대학 교수도 사회에는 꼭 필요한 존재이고, 그분들이 사회에 도움을 주는 것도 사실입니다. 그러나 대학에서 수영하는 법을 배웠다 해도 자기가 직접 물속에 들어가 헤엄치지 않는 이상 실제로 수영을 할 수는 없는 법입니다.

그러니까 항상 '지금부터는 내가 직접 내 손으로 경험해보자.'는 다짐을 해야 합니다. 스스로 생각하고 도전하고 실패를 맛보기도 하면서 개선해나가야 합니다. 성공을 하려면 이러한 작업을 끊임없이 반복해나가는 수밖에 없습니다.

빠른 것에는
늘 수요가 있습니다

직장인 중에는 '빨리 목돈을 모으고 싶다.'고 말하는 사람이 더러 있습니다. 제자가 경영하는 회사의 젊은 직원 중에도 이런 분들이 있는데, 이분들에게 조금이나마 도움이 될 만한 이야기를 해볼까 합니다.

돈을 모으고 싶으면 운을 끌어올리면 됩니다. 지금 제가 농담을 하고 있다고 생각할지도 모르지만, 진지한 이야기입니다. 살다 보면 자연스레 오늘이 지나 내일이 오고, 또 내일모레가 옵니다. 누구든 오늘에서 내일로 옮겨 가죠. 아무리 싫다고 해도 우리는 내일로 '운반되어' 갑니다.

바로 '운運(옮길 운)'인 것이죠. 다시 말해 누구에게나 운은 있는 겁니다.

그럼, 이번에는 '운세'라는 단어를 떠올려 봅시다. 옮겨 가는 기세를 운세運勢라고 하죠.

> 운세가 좋다는 것은 결국 '옮겨 가는 기세가 좋다.'는 뜻입니다. 빈둥거리고 있는 상태를 기세가 좋다고 하지는 않죠. 알아서 척척 일을 해치울 때 기세가 좋다고 합니다.

즉, 일을 할 때 기세를 몰아 속도감 있게 처리하는 것을 말합니다.

각자 직장에서 어떤 업무를 완성하는 데 걸리는 평균 시간이 있겠지요. 운을 끌어올리려면 그 평균보다 조금이라도 빨리하면 됩니다. 그러면 돈은 모입니다. 왜냐하면 빠른 것에는 수요가 있기 때문이죠.

예를 들어 일본의 고속철도, 신칸센新幹線 중에는 '특급'이 가장 수요가 많고 손님도 많습니다. 이런 열차가 없을 때에는 도쿄에서 오사카까지 며칠씩 걸어가야 했지만, 열차가 생겨 세 시간 정도면 갈 수 있게 된 것입니다. 그것만으로도 충분하다 생각할 수 있지만, 세 시간의 벽을 깨는 특급이 생기자 이제는 모두 특급을 타고 싶어 합니다. 보시다시피 단 몇 분 차이일 뿐이지만, 이렇게 수요가 다릅니다.

따라서 천천히 달리는 시골의 완행열차들은 하나같이 적자가 나고 있습니다. 손님이 별로 없어요. 다시 말해, 느린 것에는 수요가 없습니다.

'빠른 것에는 수요가 있다.'는 것은 사람에게도 해당됩니다. 회사는 일처리가 빠른 사람을 원합니다. 나를 원하는 회사가 많으면 출세합니다. 출세하면 봉급도 올라갑니다. 봉급이 올라 그만큼 저축을 많이 하면 돈도 모입니다.

그렇다고 해서 뭐든지 빨리하기만 하면 되느냐 하면, 또 그렇지는 않습니다.

세상에는 다양한 직업이 있습니다. 개중에는 예술가처럼 시간을 들여가며 창조적인 작업을 해야 하는 직종도 있지요.

가령, 광고의 카피를 만드는 사람은 단 한 줄의 카피를 쓰기 위해 몇 시간을 쓰기도 합니다. 이런 작업을 느리다고 생각해서는 안 됩니다. 보통 사람은 평생 해도 어려울 일을 몇 시간 만에 하니까, 사실 대단한 속도인 거죠.

하지만 이런 경우를 제외하고서라도 느린 것이 가치 있게 여겨지는 곳은 별로 없습니다. 이처럼 빠른 곳에는 늘 수요가 있으니 여러분은 일을 할 때 기세를 더하면 됩니다.

기세를 더한다고 해서 무슨 거창한 방법이 따로 있는 건 아닙니다. 직장에서 누군가로부터 부탁을 받았다면 우물쭈물하며 투덜거리는 대신 "예!"라고 대답하고 즉시 일에 착수하세요. 이런 간단한 행동만으로도 당신의 가치는 확실히 올라갑니다.

돈, 돈 하지 말고 자기 할 일을 열심히 하면 됩니다

상인들 사이에서 많이 하는 말 중에 **'손해를 보는 것이 결국 득이 된다.'**는 말이 있습니다.

하지만 이는 상인들만의 전매특허가 아닙니다. 직장인들한테도 해당되죠. 예컨대 남들보다 두 배 열심히 일하는 직원이 있다고 칩시다. 만약 영업사원이라면 인센티브를 요구할 수도 있겠지요. 열심히 일할수록 수입이 올라갈 테니까요.

그런데 말이죠. 저는 이제껏 이런 꾀를 내서 나중에 한 재산을 남겼다느니, 빌딩을 세웠다느니 하는 소리를 들어본 적이 없습니다.

이런 사람이 부자가 되지 못하는 이유는 '손해를 보는 것이 결국 득이 된다.'는 사실을 깨닫지 못했기 때문입니다. 이 사실을 깨닫기만 하면 되는데 말이지요.

무슨 뜻인가 하면, 다른 사람과 똑같은 월급을 받으면서 열심히 일하면 된다는 겁니다. 봉급을 두 배로 주는 곳에서 두 배 열심히 일하겠다는 사람은 많습니다. 하지만 그런 직장에서는 당신이 아무리 열심히 해 봤자 빛을 발하기가 어렵습니다.

빛을 발하려면 어떻게 해야 할까요? **다른 사람과 똑같이 봉급을 받는 직장에서 두 배로 열심히 일하면 됩니다.**

경영자의 눈에는 이런 사람이 빛나 보입니다. 경영자에게 있어 정말 고마운 사람이지요. 이런 사람을 보면 애지중지해주고 싶고 출세시켜주고 싶은 마음이 절로 생기는 법입니다.

이런 사람은 나중에 어떻게 될까요? 아시다시피 과장이 되고, 부장이 되고, 당연히 봉급도 올라갑니다. 그리고 심지어 사장 자리에 오르기도 합니다. 그리고 어느새 정말 깜짝 놀랄 만큼 많은 돈을 손에 넣게 되죠.

그러니까 너무 눈앞의 이익에 급급하며 돈, 돈 하지 말고 열심히 자기 할 일을 하세요. 그러면 주위 사람으로부터 '이 사람은 이해득실을 따지지 않고 열심히 하는 사람이구나.' 하는 평가를 받습니다.

그리고 이렇게 되면 부탁받는 일이 많아집니다. "○○씨, 죄송한데 이것 좀 해주실래요?"라는 말을 듣는 횟수가 늘어나는 거죠.

> 자신의 이름이 불리는 일이 직장에서 많아지면 틀림없이 당신의 운세는 상승합니다.

부탁을 받았을 때는 밝은 표정으로 힘차게 "예!" 하고 대답하세요. 그 일을 열심히 하면서 '나는 그저 먹고살 수 있을 정도의 돈만 있으면 된다.'는 식으로 담담하게 일하다 보면, 출세는 틀림없이 당신을 기다리고 있을 겁니다.

이런 사람이 나중에 독립을 하면 역시나 사람들이 몰려듭니다. 주위에서 '저 사람에게 부탁하면 뭐든 열심히 해주었으니 또 부탁해야겠다.' 하고 생각하기 때문이지요. 이러니 사업이 번창하지 않을 수 없습니다.

그런데 어떤 일을 부탁받았을 때 '왜 나한테만 부탁하

는 거야? 똑같은 봉급을 받으면서 왜 나만 이 고생을 해야 하냐고!' 하며 불평하는 사람도 있습니다. 이런 사람은 일에 성의를 다하지 않습니다. 그러니 당연히 운세가 나빠지겠지요.

당신이 사장이라면 일을 부탁하기 어려운 직원을 자기 회사에 오래 있게 하고 싶을까요? 물론 인심 좋은 사장도 있겠지만 세상은 넓습니다. 세상에는 그런 인심 좋은 사장만 존재하는 건 아닙니다.

묵묵히 열심히 사는 사람이야말로 정말 대단한 사람입니다

주위를 살펴보면 '방위方位'의 길흉吉凶 따위를 믿는 사람들이 더러 있습니다. 여기에 집을 지으면 길하다느니 불길하다느니, 혹은 어느 방향으로 가면 복이 온다느니 화를 얻는다느니 하면서 말이죠. 하지만 저는 이런 말들에 신경 쓰지 않습니다. 어느 쪽이 옳고 그르다고 할 수 있는 문제가 아니니까요.

다만 저는 **'내가 있는 곳이 바로 행복한 장소다.'**라는 믿음을 가지고 있습니다. 따라서 저는 그런 말 따위에 신경 쓰지 않고, 가고 싶은 곳이라면 어디든지 갑니다.

만약 남들이 그쪽으로 가지 말라고 하면, 오히려 저는

더 가려고 합니다. 가서는 안 되는 곳이니까 제가 가서 밝게 만들어야겠다고 생각하는 것이지요.

'올해는 운수가 사납다는데, 어떻게 하지?' 하며 걱정하는 사람도 많습니다. 하지만 저는 액년厄年을 오히려 도약의 해라고 생각합니다. 저는 평소에도 열심히 일하고 있으니까 남들이 말하는 액년에 오히려 "하느님, 알고 계시죠? 올해는 저를 팍팍 밀어주세요!" 하고 부탁합니다.

여러분이 신앙인이라면 이 말에 대해 오해할지도 모르겠습니다만, 솔직히 저는 설사 부탁하는 상대가 하느님이라 해도 때로는 좀 세게 나갈 수 있는 관계를 맺는 것이 바람직하다고 봅니다.

왜냐고요? 그러지 않으면 가부좌를 튼 채 땅에서 10센티미터 위로 공중부양한 사람의 사진 따위에 감탄하는 짓을 하게 되거든요.

미안하지만 저는 그런 사진을 봐도 감탄하지도, 놀라지도 않습니다. 그냥 "그래서 어쨌다는 겁니까?" 하고 되묻죠. 공중부양을 해서 뭐가 어쨌다는 건가요? 하늘을 날아 우리 회사의 상품을 고객에게 배달해주기라도 하나요? 만약 그런다 해도 지금의 택배회사보다 얼마나 빨리 배달

해줄 수 있단 말입니까?

앞서 말했듯 저에게는 열 명의 제자가 있는데, 만약 제가 공중부양하는 사람에게 배달을 시켰다는 사실을 그들에게 걸리기라도 하면 그야말로 이보다 훨씬 더한 질문 공세를 받게 될 겁니다. 제가 질려서 도망갈 수밖에 없을 만큼 말이죠.

간혹 누군가는 손에서 저절로 빵이 나왔다고도 합니다. 그런데, 암만 그렇다 해도 제과점에서 만드는 것보다 더 많은 빵을 만들 수 있을까요? 또, 손에서 빵이 나오는 것을 보여주고 돈을 받는다는 건 무슨 말이랍니까?

이런 식으로 꼬치꼬치 질문하고 따지다 보면 여러 가지 사실을 깨닫게 됩니다.

> 어설픈 초능력을 가진 사람이 대단한 게 아닙니다. 열심히 일하면서 자식을 키우고 남한테 폐를 끼치지 않는 사람이야말로 정말로 대단한 사람입니다.

적어도 저는 그렇게 생각합니다.

지금 이 순간에도 맑은 날이든 비 오는 날이든 게으름

피우지 않고 묵묵히 농사를 짓는 사람이 있습니다. 한여름에도 태양이 내리쬐는 공사판에서 열심히 일하는 사람도 있고요. 빵 공장에서 맛있는 빵을 만들기 위해 땀 흘리며 일하는 사람도 있습니다. 쌀과 곡식을 정성 들여 키우는 사람도 있는가 하면, 꼭두새벽에 바다로 나가 고기를 잡아 오는 사람도 있습니다.

저는 이런 분들이야말로 정말로 훌륭한 사람이라고 생각합니다. 이런 사람들에게 감탄하기도 바빠죽겠는데, 무슨 공중부양을 했다는 괴상한 도사한테 감탄한단 말입니까? 그러니 눈에 보이지 않는 것을 두려워하게 되고, 줏대 없이 갈팡질팡하게 되는 겁니다.

베풀면 언젠가 반드시 돌아옵니다

스스로에게 투자하고, 다른 사람의 두 배나 열심히 일해서 출세하고, 봉급도 올라 저축도 많이 했다고 칩시다. 물론 이것만으로도 충분히 행복하겠지만, 이보다 더 행복해지는 방법이 있습니다.

바로, 당신이 성공을 위해 이제껏 해온 방법을 부하 직원이나 후배에게 전수하는 겁니다. '그런 짓을 하다간 뒤쫓아오는 사람에게 추월당하지 않을까?' 하는 걱정은 할 필요가 없습니다. 이 세상에 공짜는 없으니까요.

베풀면 나중에 그만큼 돌아오는 법입니다. 이상하게 들릴지도 모르지만 이게 바로 세상의 섭리라는 겁니다.

'이건 내가 생각해낸 방식이니까 다른 사람에겐 가르쳐 줄 수 없다.'고 하는 사람과, '내가 깨우친 방식을 다른 사람에게도 전수해야겠다.'고 생각하며 다른 사람에게 기꺼이 베푸는 사람을 비교하면, 후자가 나중에는 훨씬 풍요로운 삶을 살게 됩니다.

예컨대 프랜차이즈 사업이 그렇습니다. 처음에는 점포가 하나뿐이지만 사업을 성공시키는 방법을 주변에 공개하면서 매출이 수십억, 수백억 원으로 늘어난 경우라고 볼 수 있지요.

학자도 마찬가지입니다. '내가 발견한 건 나 혼자만 알고 있어야 해. 아무한테도 알리지 말아야지.' 하고 숨기는 게 아니라, 논문을 만들어 학회에서 발표를 해야 자신에 대한 평가가 올라가는 겁니다.

일반적으로 학자의 사회적 지위가 높은 이유는 **자신이 생각해낸 것을 기꺼이 공개하기 때문**이지요.

그런데도 '이건 나만의 비밀이야.' 하며 비법을 절대 공개하지 않는 사람도 있습니다. 이렇게 늘 숨기려 하는 사람과 공개하는 사람을 비교하면, 그릇의 크기도 다를 뿐 아니라 사회적 평가 면에서도 확연히 차이가 납니다.

도리에 맞게 일을 하는 사람은 사회가 긍정적으로 평가하게 되어 있습니다.

'좀 더 편한 방법이 없을까?' 하는 생각을 하다 보면 '옆에 있는 사람을 짓밟고 가야겠다.'는 식의 헛된 짓을 하게 됩니다. 또, 자기가 평소에 나쁜 생각을 하니까 다른 사람도 자신을 나쁘게 생각할 거라고 의심합니다. 그러면서 쓸데없는 걱정을 짊어지는 겁니다. 그런 걱정을 할 시간에 남들보다 두 배 열심히 일하는 게 훨씬 편합니다.

도리에 맞는 일을 하는 것. 이것이 가장 편하고, 가장 득이 되는 삶의 방식입니다.

나에게 돈을 주는 사람을 기쁘게 하는 게 '자기 투자'입니다

"손님을 소중히 대하고, 돈을 소중히 다루세요."

저는 평소에 직원들로부터 돈에 관한 질문을 받을 때마다 이렇게 대답하곤 합니다.

살다 보면 '저놈한테는 절대로 머리를 숙이지 않겠다.' 싶은 사람이 나타나게 마련입니다. 그런데 그 사람이 나쁜 게 아닙니다. 다만 자신에게 그 사람을 포용할 만큼의 그릇이 없는 것뿐이죠.

저에게는 저의 그릇, 다시 말해 제가 허용할 수 있는 범위를 넘어서는 사람한테서는 빵 한 개도 받기 싫다는 소신이 있습니다.

사실 돈이 없으면 이런 소신을 지키기가 매우 힘듭니다. 돈이 없으면 자신의 그릇을 넘어서는 사람한테도 머리를 숙이고 비위를 맞춰야 할 일이 많아지기 때문이죠.

만약 그러기 싫다면 어떻게 해야 하냐고요? 그럼 돈을 모아야겠죠.

하지만 저는 젊은이들에게 "돈을 모으는 것에만 너무 신경 쓰지 마세요."라는 말을 자주 합니다. 여러분도 한 달에 10만 원씩 저축하고 있다면 저축액을 5만 원 정도로 줄여서 남은 5만 원은 자신에게 투자하시길 바랍니다.

왜냐하면, **자신에 대한 투자는 곧 출세를 위한 필요조건이기 때문**이지요.

제 말을 오해하지 마세요. 직장에서 영어를 사용할 일도 없는데 영어학원에 다니는 것은 투자가 아닙니다. 또한 '자신에게 투자하라.'는 말이 '자신을 위해 투자하라.'는 뜻은 아닙니다.

여기서 돈을 버는 요령을 알려드리겠습니다. 그저 고객을 기쁘게 하면 됩니다. 다시 말해 고객을 기쁘게 만들기 위해 자신에게 투자를 하면 되는 겁니다.

그렇다면 여기서 '고객'이란 누구일까요? 바로 '자신에게 돈을 주는 사람'입니다.

저에게 있어 고객은 제가 만든 상품을 사주는 사람들입니다. 직장인에게 있어 고객은 회사의 사장이겠죠. 자신에게 봉급을 주는 사람이 사장이니까요. 그렇다면 이러한 사실을 전제로 '자기 투자'에 대해 다시 생각해봅시다.

예를 들어 제가 매일같이 아가씨들이 춤을 추는 클럽에 가는 것을 제 자신에게 투자하고 있다고 볼 수는 없습니다. 제가 춤을 배워 온다고 저희 고객들이 기뻐하지는 않을 테니까요.

앞서 말했듯 평소에 영어를 사용할 일이 없는데도 영어학원에 다니는 것은 자신에 대한 투자가 아닙니다. 이러한 행위는 제가 클럽에 가는 것과 별 차이가 없습니다.

자기 투자라 함은 곧 당신에게 돈을 주는 사람이 기뻐할 수 있도록 자신에게 투자하는 걸 뜻합니다.

상인에게 있어서 고객은 상품을 사주는 사람이니 그 사람들을 기쁘게 할 수 있는 투자를 자신에게 하면 됩니다. 또, 당신이 직장인이라면 봉급이라는 형태로 돈을 주는 사장이 곧 고객이니까, 사장이 기뻐할 만한 일에 투자하면 됩니다.

그렇다면 사장이 기뻐할 만한 일이란 어떤 것일까요? 답은 간단합니다. 회사의 실적을 올리는 것. 그러기 위해서는 지금 나에게 뭐가 필요한지 잘 생각해보고, 그다음에 자신에게 투자하세요. 그렇게 하면 당신은 어느새 회사에서 반드시 필요한 인재가 되어 있을 겁니다.

최소 10년은 내다볼 수 있어야 부자가 됩니다

요즘 들어 부자가 되고 싶다는 젊은이들로부터 이런저런 질문을 많이 받습니다. 그런데 여기서 저는 꼭 하고 싶은 말이 있습니다. 실은 이제까지 '내가 이런 말을 하면 부자가 되고자 하는 꿈에 찬물을 끼얹는 게 아닐까?' 하는 염려 때문에 하지 않았던 얘기죠.

여하튼 이상한 사람이 하는 말이니까 그리 심각하게 받아들이진 마세요. 그냥 한쪽 귀로 흘려도 상관없습니다.

'복숭아는 3년, 밤도 3년, 감은 8년'이라는 말이 있습니다. 또, 제가 어렸을 적에는 어른들이 '유자 같은 바보 놈'이라는 말을 하곤 했지요.

유자는 사실 바보도 아니고 아무것도 아닌데, 씨를 심어서 열매를 맺기까지 16년이나 걸리니 그렇게 불렀던 것 같습니다. 하여튼 하나의 씨가 열매를 맺기까지 3년 걸리는 것은 3년 걸리고, 8년 걸리는 것은 8년이 걸립니다. 만약 16년이 걸린다면 어쩔 수 없이 16년을 기다려야 하겠지요.

이와 마찬가지로 **'부자가 되고 싶다'는 씨를 심어서 '부자'라는 열매를 맺기까지는 최소 10년이 걸립니다.** 부자가 되기로 마음먹고 실제로 부자가 되기까지 10년이 걸린다는 것입니다. 10년 걸리는 것은 10년이 걸리니까 어찌할 수 없습니다. 하지만 10년 뒤에 부자가 된다고 생각하면, 지금 뭘 해야 하는지를 생각하고 행동할 수 있겠지요.

10년을 어떻게 기다리냐고요? 저는 여행을 무척 좋아해서 전국 각지를 이곳저곳 둘러보는 편인데, 사실 목적지에 도착해서 둘러보는 것은 별로 좋아하지 않습니다. 목적지까지 가는 그 과정이 즐거운 거죠.

부자가 되는 것도 마찬가지입니다.

부자가 되는 데 10년이 걸린다면 그 10년 동안 자

신이 해야 할 일을 즐기면서 하면 됩니다.

즉, 여기저기 구경도 하면서 묵묵히 걸어가면 되는 것이지요. 그러면 그 여정이 결코 지루하지 않을 뿐만 아니라, 10년 뒤에는 정말로 부자가 될 수 있습니다.

그런데 젊은이들 중에는 '당장 부자가 되고 싶다.', '내년에 부자가 되고 싶다.'며 서두르는 경우가 있습니다. 이렇게 서두르다간 감언이설甘言利說에 속아 사기를 당하는 경우도 있으니 주의하세요.

물론 젊어서부터 남들보다 빨리 많은 돈을 번 사람도 있습니다. 그런데 이런 사람을 옆에서 지켜보면 '깊이'가 느껴지지 않습니다.

제 말을 오해하지는 마세요. 그들이 진정한 성공을 얻지 못했다는 게 아닙니다.

성공이란 '여정'입니다. 따라서 '지금 이 순간'이라는 과정을 하나의 성공이라고 여기며 걸어가는 사람이야말로 진정 성공한 사람입니다.

성공을 거머쥔 사람만이 성공한 건 아닙니다. 성공을 손에 넣었다는 것은 이미 과거형이지요. 성공을 손에 넣었다면 다음 목표를 향해 다시 걸어가야 합니다. 즉, 성공이라는 이름의 여정을 계속 걸어가는 사람이야말로 삶에 있어 진정한 성공을 이룬 사람입니다.

10년 뒤를 바라보고 한 걸음 한 걸음 걸어가는 사람이 있다면, 그 사람은 이미 성공한 것입니다. 그러니 포기하지 말고 힘차게 계속 걸어가세요.

"성공은 머리가 아니라
눈과 발로 하는 겁니다"

4강

기회

운은 실력보다 힘이 셉니다

아시다시피, 주사위를 던져서 숫자 '1'이 나올 확률은 6분의 1입니다. 그런데 실제로 주사위를 여섯 번 던졌을 때 1이 딱 한 번만 나오냐 하면, 반드시 그렇진 않습니다. 만약 연속으로 1이 나오게 하려면 그야말로 수없이 많은 시도를 해야겠지요.

그런데 이를 가능케 하는 방법이 있습니다. 바로 '말의 힘'을 빌리는 겁니다.

오해하지 말아 주세요. 카지노에서 돈 버는 이야기를 하려는 게 아닙니다. 사업이 더 좋아지거나 지금보다 더 행복하게 살 수 있는 이야기를 하려는 겁니다.

꽤 오래전에 텔레비전에서 리본체조 경기를 본 적이 있습니다. 당시 외모가 아름다운 선수와, 미안하지만 그렇지 않은 선수가 경합을 벌이고 있었지요. 기량 면에서는 분명 외모가 아름답지 않은 쪽이 좀 더 뛰어났는데, 결국 우승은 아름다운 선수가 거머쥐었습니다.

여러분은 실력 있는 선수가 우승하지 못한 이유가 뭐라고 생각하시나요?

답은 간단합니다. 외모가 아름다운 선수는 어렸을 때부터 주위로부터 예쁘다는 말을 많이 듣고 친절한 대우를 받아왔을 겁니다. 당연히 좋은 추억을 많이 간직하고 있을 테지요. 한마디로 '오늘은 운이 좋구나!'라고 느끼는 날이 많았을 겁니다.

그리고 그 결과, '나는 운이 좋은 별에서 태어났구나!' 하는 식으로 자신의 삶을 긍정적으로 바라보게 되었겠죠. 이런 사람은 중요한 승부에서 커다란 운을 자기편으로 만들 수 있습니다.

무슨 말을 하고 싶은 것이냐 하면, **승부에 강한 사람은 따로 있다**는 겁니다. 그리고 이런 사람은 대체로 평소에 '나는 운이 좋다.'고 생각합니다.

운은 힘이 셉니다. 실력보다 더 셉니다. 왜냐하면 실력은 인간의 힘이지만, 운은 하늘의 힘이기 때문이죠.

지는 쪽 입장에선 '분명 저 사람보다 내가 실력이 좋은데 왜 지는 거야?' 하고 푸념할 수 있겠지만, 제가 보기에는 지는 게 당연합니다.

그건 상대방과 당신의 승부가 아니거든요. **운 좋은 사람과의 승부는 곧 하늘과의 승부**이고, 인간이 하늘을 이기기는 정말 힘든 법입니다.

'운이 좋다'고 말하는 사람이 진짜 운 좋은 사람입니다

저는 어찌 보면 참 이상한 사람인데, 그렇기 때문에 소득세 납부 순위 1위에도 오를 수 있었던 것 같습니다.

저는 중학교밖에 졸업하지 못했습니다. 장사하는 집안에서 자랐기에 장사에 대해 어느 정도는 알고 있었지만 사업 수완이 특별히 뛰어났던 것은 아닙니다. 그런데도 일본에서 소득세를 가장 많이 내는 사람이 되었습니다.

이건 단순히 운이 좋아서입니다. 겸손을 떠는 게 아니라, **저는 정말로 운이 좋은 사람일 뿐**입니다.

그렇다면 "어째서 운이 좋은 사람이 될 수 있었습니까?" 하고 묻겠지요. 답은 아주 간단합니다.

예전부터 제가 입버릇처럼 하는 말이 "나는 운이 좋다."였습니다. 왜 이 말이 입버릇이 되었는지는 저도 잘 모르겠습니다. 재채기를 한 다음 "에이, ××!" 하고 욕설을 뱉는 사람에게 왜 그런 말을 했냐고 물으면 그 또한 대답하지 못할 겁니다. 이처럼 이유는 잘 모르겠지만, 여하튼 입 밖으로 습관처럼 내뱉게 되는 말이 바로 입버릇입니다.

'운이 좋다.'는 말을 입에 달고 다니는 저의 버릇도 무슨 특별한 이유가 있어서 생긴 건 아닙니다. 무의식적으로 '운이 좋다.'는 말을 하다 보니 어느새 행운이 끊임없이 밀려와 오늘날에 이르게 된 것이지요.

> 운이 좋은 사람이 되고 싶다고요? 방법은 무척 간단합니다. 그저 "운이 좋다, 운이 좋다."라고 말하면 됩니다.

운이 나쁜 사람이란, '스스로를 운이 나쁜 사람이라고 생각하는 사람'일 뿐입니다. 운이 좋은 사람과 운이 나쁜 사람의 구분은 이처럼 사소한 차이에서 비롯됩니다.

‘당신이 없으면 곤란하다’는 말을 듣는 사람이 되세요

석가모니는 인간을 다음과 같이 다섯 가지 유형으로 나누었다고 합니다.

첫째, ‘이 사람이 없으면 곤란하다.’고 여겨지는 사람
둘째, ‘이 사람이 있었으면 좋겠다.’고 여겨지는 사람
셋째, ‘이 사람은 있어도 그만, 없어도 그만.’이라고 여겨지는 사람
넷째, ‘이 사람은 없는 쪽이 좋겠다.’고 여겨지는 사람
다섯째, ‘이 사람은 차라리 죽었으면 좋겠다.’고 여겨지는 사람

인간은 누구나 이 다섯 가지 유형 중 하나로 분류될 수 있습니다.

뉴스를 보면 관계가 나빠져 누군가를 흉기로 찌르거나 죽이는 사건이 가끔 보도됩니다. 처음부터 사이가 안 좋았던 경우도 있고, 처음에는 친구나 애인 혹은 부부, 즉 '이 사람은 나에게 꼭 필요한 사람이다.'라고 여겼는데, 나중에 가서 돌변하여 끔찍한 사건이 터지기도 합니다.

후자의 경우 둘째 유형에서 셋째 유형, 즉 '있었으면 좋겠다'고 여겨지는 사람에서 '있어도 그만, 없어도 그만'이라고 여겨지는 사람으로 변한 것으로 볼 수도 있겠죠. 상대방이 자신의 험담을 했거나 자신이 싫어하는 짓을 해서 그렇게 변했을지도 모르고요.

그런데, 인간은 완벽하지 않기 때문에 누구나 실수를 할 수 있습니다. 하지만 그 사실을 서로가 있는 그대로 인정하며 살아간다 해도 상대방이 싫어하는 짓을 두 번 세 번 반복하다 보면 넷째 혹은 다섯째 유형처럼 '이 사람은 없는 쪽이 좋겠다.', '이 사람은 차라리 죽어버렸으면 좋겠다.'는 생각이 들기 마련입니다. 지금 다른 사람 얘기를 하고 있는 게 아닙니다. 제 이야기를 하고 있는 겁니다.

그러므로 때로는 주변 사람의 입장이 되어서 '나는 과연 어느 유형의 사람인가?'를 틈틈이 생각해봐야 합니다. 그렇게 하면 자신이 지금 어떤 행동을 하고 있는지 객관적으로 바라볼 수도 있고, 앞으로 뭘 해야 할지도 알게 됩니다.

경영자라면 이렇게 생각해볼 수 있어야 합니다. "당신네 회사가 없어지면 곤란하다."라고 말하는 사람은 얼마나 있습니까? 또, "당신네 회사가 있어 줘서 정말 고맙다."라고 말하는 사람은 얼마나 될까요? 그리고 이렇게 말해주는 사람을 늘리기 위해선 어떻게 해야 할까요? 저는 늘 이 같은 생각을 하면서 사업을 해왔습니다.

장사를 하는 사람이 손님으로부터 "이 가게는 있든 없든 상관없다."는 말을 듣는다면 그 장사는 할 수 없습니다. "그 가게는 없어도 괜찮아.", "그 회사는 차라리 망했으면 좋겠어." 이런 말까지 들으면 그땐 끝장입니다.

직장인도 마찬가지입니다.

회사로부터 "자네가 그만두면 곤란해.", "자네가 회사에 있어 줘서 정말 도움이 되네." 이런 말을 들어야 오래 남을 수 있는 겁니다.

그런데 희한하게도 '내가 없어져서 동료나 상사를 곤란하게 만들어야지.' 하고 엉뚱한 생각을 하는 사람이 있습니다. 예컨대 고객관리 데이터를 조작해 자기만 볼 수 있도록 한다든지 하는 식으로 말이죠.

그다지 훌륭하지 않은 제가 이런 말을 해봤자 설득력이 없을지도 모르지만, 다른 사람을 곤란하게 만드는 짓은 웬만하면 안 하는 게 좋습니다.

그렇다면, 석가모니가 말한 사람의 유형 중 첫 번째 유형인 '이런 사람이 없으면 곤란하다.'고 여겨지는 사람은 구체적으로 어떤 사람일까요?

예를 들면, **몸이 아파 회사에 나올 수 없을 때를 대비해 직장 동료들이 자기가 하던 일을 금방 알 수 있도록 일 처리를 하는 사람**을 말합니다.

이렇게 주위 사람에게 조금이라도 도움이 되는 방법이 무엇인지를 생각하고 그것을 실행하다 보면, 자연스레 '이 사람이 있어서 참 다행이다.' '이 사람이 없으면 곤란하다.'고 여겨지는 사람이 됩니다.

저는 늘 이런 사람이 될 수 있도록 노력합니다. 저는 비록 완벽하진 않지만 이 점에 있어서만큼 1등이 되고 싶습니다. 따라서 항상 손님뿐 아니라 인연이 닿은 모든 사람에게 조금이라도 도움을 주려고 노력합니다.

저에게 있어서는 이것이야말로 최고의 행복이자 최고의 성공이라 할 수 있습니다.

빠르게 일처리를 하면서
실수가 없을 때 '프로'라 합니다

제가 회사를 창업했을 당시 우리 사회는 '학력 사회'였습니다. 하지만 지금은 예전만큼 학력을 중시하지 않죠. 이제는 '실력 중심의 시대'니까요.

저는 여기서 **실력이란 곧 '속도'**라고 생각합니다.

그런데 제가 이런 말을 하면 "빠르게 일 처리를 하다 보면 실수를 하게 되니 좋지 않다."라며 염려하는 분들도 있습니다. 그렇다면 일을 천천히 하면 과연 실수가 없을까요?

아닙니다. 빈둥거리며 일을 하는 사람이 오히려 실수를 더 많이 합니다.

사실 프로의 세계에는 실수란 게 없습니다. 빠른 일 처리와 실수 없는 일 처리, 이 두 가지는 떼려야 뗄 수 없는 한 세트입니다. 어떻게 빠르게 일 처리를 하면서 동시에 실수가 없을 수 있느냐고 따질지도 모르지만, 그렇게 하려는 의지만 있다면 인간은 해내고야 맙니다.

예컨대 설계사에게 점포 설계를 의뢰하다 보면 그 자리에서 바로 아이디어를 낼 수 있는 사람도 있지만, 그렇지 못한 사람이 있습니다.

그 차이는 어디에서 오는 걸까요? 먼저, 즉시 아이디어를 낼 수 있는 사람은 의뢰가 들어오기 전부터 설계를 생각합니다. '음식점이라면 이런 설계가 좋다.'라든가, '도서관이면 저런 설계가 좋다.'라든가 하는, 즉 사전준비가 이미 되어 있는 셈이지요.

반면, 그 자리에서 금방 아이디어를 내지 못하는 사람은 평소에 그만큼 준비를 하지 않고 있음을 뜻합니다. 그러니까 "한 달 정도만 시간을 주십시오." 따위의 소리를 하게 되는 겁니다. 그리고 결국 한 달 동안만 생각하게 되지요. 이러니 오래전부터 생각하고 있는 사람과는 아이디어의 질이 확연히 다를 수밖에 없습니다.

뜸을 들여 한다는 것은 결국 평소에 아무런 생각을 하지 않는다는 것을 의미합니다. 의뢰받고 나서야 생각해낸 설계와 이전부터 오랫동안 생각해온 사람의 설계로 만들어진 결과물은 다를 수밖에 없겠지요.

그런데도 여전히 '시간을 들이고 뜸을 들여야 결과가 좋다.'고 우긴다면 그건 거짓말입니다.

> '시간을 오래 끌어야만 좋은 결과가 나온다.'고 하는 사람은 실력이 없으니까 그런 말을 하는 겁니다.

오래전부터 권세 있는 집안의 실력 없는 자식들이 그런 말을 곧잘 하곤 했습니다. 그렇게 말하지 않으면 자신보다 지위가 낮은 사람들이 더 빨리 일을 해치워버릴 테니까요. 자신이 실력이 없다는 사실이 들통 나는 게 싫으니까 남들에게 '시간을 들여 천천히 하라.'는 따위의 지시를 내리는 겁니다.

기득권 계층이 자신들의 밥그릇을 챙기기 위해 지어낸 말을 믿지 마세요. 성공하는 데 있어 속도는 꼭 필요합니다. 여러분도 다른 사람의 두 배로 일한다는 각오로, 일의 속도를 올리기 바랍니다.

다만 이때 한 가지 주의해야 할 점이 있습니다. 두 배로 열심히 일하다 보면 꼭 주위에서 "자네, 요즘 너무 열심히 일하는 거 아냐?" 하며 압박을 주는 사람이 생깁니다.

이러한 압력은 맞바람입니다. 맞바람이 왔다고 해서 속도를 줄이지 마세요. 그럴 땐 오히려 속도를 더 내야 합니다. 그러면 당신은 한 단계 위로 올라갈 수 있습니다.

비행기가 이륙할 때와 마찬가집니다. 비행기는 공기저항을 받으면서 이륙합니다. 맞바람을 받았을 때 엔진을 분사시키지요. 이때 상승기류라는 것이 생겨 비행기를 위로 끌어올려 주는 겁니다.

> 열심히 일한다고 주위로부터 압력을 받았을 때 속도를 낮추면 상승기류가 생기지 않습니다. 압력을 받으면, 더 열심히 하세요.

그러면서 웃는 얼굴로 "저는 일하는 게 좋아요." 하고 말하면 됩니다. 그리고 이걸 반복하다 보면 어느새 정상에 올라서는 날이 올 것입니다.

도박의 세계에서는 이기는 자가 운이 나쁜 겁니다

꽤 오래전의 이야기입니다.

한번은 지인이 "돈을 주제로 한 책을 사이토 씨가 냈으면 좋겠다."라는 말을 하더군요. 저를 좋게 평가해준 것에 대해서는 고마웠지만, 당시만 해도 그런 책을 써보고 싶다는 생각은 한 적이 없었습니다.

그 이유로는 두 가지가 있었습니다. 하나는 이제껏 제자들에게조차 돈에 대해 이야기한 적이 없었기 때문입니다. 믿지 않을지도 모르겠지만 이는 사실입니다. 그뿐만 아니라 매출에 대해서도 이런저런 말을 한 적이 없습니다.

또 하나의 이유는, 상인이 쓴 책에는 당연한 것만 적혀 있어 재미가 없기 때문입니다. 재미가 없다면 사는 사람도 없겠지요. 책이 팔리지 않으면 출판사가 곤란해질 겁니다. 그래서 책을 내는 걸 탐탁지 않게 여긴 겁니다.

하지만 이런 재미없는 책도 필요로 하는 사람이 있긴 한가 봅니다. 돈을 제대로 사용할 줄 모르는 사람이 여기에 해당되겠지요. 그런데 안타깝게도 그런 사람들은 책을 읽지 않습니다. 공짜로 줘도 절대 안 읽습니다.

그럼 어떻게 해야 그 사람들이 돈에 관한 공부를 하게 만들 수 있을까요?

이야기가 딴 곳으로 흘러 미안한데, 옛날에 석가모니는 '방편方便밖에 없다'고 했습니다.

> 즉, 정말로 누군가를 도와주고 싶다면 거짓말을 할 수밖에 없다는 것입니다. 물론 사랑이 담긴 거짓말이지만요.

예를 들어 도박에 빠진 사람을 어떻게든 도와주고 싶을 때 저는 이렇게 말합니다.

"도박이라고 하는 것은 이기는 게 운이 나쁜 거야. 운이

정말 센 사람은 도박에 약하지.”

도박에 빠지는 이유가 뭘까요? 그건 이겨본 적이 있기 때문입니다.

그런데 도박에서는 이기는 게 오히려 운이 나쁜 거라고 하면, 설사 이기더라도 ‘어떡하지? 이번엔 이겨버렸네! 나쁜 운이 몰려오는 거 아냐?’ 하고 생각하게 됩니다. 그러면서 도박을 계속하려는 의욕이 사라지는 것이지요.

물론 아무리 이렇게 말을 해도 귀 기울이지 않는 사람도 있을 겁니다. 그럴 때는 어떻게 해야 할까요?

가장 좋은 방법은 이것입니다.

“일본에서 최고의 부자가 쓴, 도박에서 왕창 이기는 법을 알려주는 책을 발견했어. 한번 읽어봐. 엄청난 운이 들어올 거야.” 하며 책을 한 권 건넵니다.

그럼 상대방은 ‘어디 한번 보자.’고 하며 읽을 겁니다. 물론 처음부터 책의 내용을 미리 말해버렸다면 절대 읽지 않겠지요. 뭐가 어쨌든 이렇게라도 책을 읽으면, 한 번 읽은 이상 머리에 내용이 남게 됩니다.

만약 도박에 빠져 있는 사람을 정말로 구하고 싶다면, 상대방에게 이렇게 사랑이 담긴 거짓말을 해야 합니다.

상대방이 기뻐하는 말을 하는 거죠. "이 책을 읽고 도박을 했더니 돈이 굴러들어 오더라고." 하는 식으로 말이지요. 그러면 상대방은 틀림없이 책을 읽게 됩니다.

만약 그 친구가 "왜 이 책을 읽으면 돈을 딸 수 있는 거야?"라고 물으면 "왜냐고? 난 이 책 덕분에 도박을 그만뒀거든." 하고 당당히 대답하세요.

도박에서 손을 떼면 그만큼 돈이 남습니다. '도박을 좋아한다.'는 말만으로도 사회에서는 신용을 잃어버립니다. 결국 도박을 끊으면 그만큼 득을 보는 셈입니다. 석가모니가 말한 방편이란 바로 이런 것입니다.

꾸중을 들었던 경험에 재능에 대한 힌트가 숨어 있습니다

우물을 팔 때는 땅속에 수맥이 있는지를 알아야 합니다. 그런데 사람에게는 수맥이 없는 경우란 없습니다. 다시 말해 재능이 없는 사람은 단 한 명도 없다는 뜻입니다.

사람은 누구나 '좋은 점'을 가지고 있습니다. 적어도 저는 그렇게 믿습니다. 그렇다면 누구나 가지고 있는 좋은 점을 '어떻게 발견할 것인가?' 하는 문제가 따라오는데, 저는 이와 관련해서 저만의 독특한 방법을 갖고 있습니다.

보통 사람들은 상대방에게 이렇게 묻지요.

"당신이 잘하는 것은 무엇입니까?"

물론 저도 이런 질문을 하긴 하지만, 상대방이 100점 만큼 잘한다고 말하면 저는 30점 정도로만 참고합니다. 왜냐하면 자기가 뭘 잘하는지에 대해 대개 본인 스스로 잘 알고 있긴 하지만, **자신이 인정하는 수준과 사회가 평가하는 수준은 엄연히 다르기 때문**이죠.

노래를 아무리 잘한다고 해도 노래방에서 잘 부르는 수준과 미소라 히바리美空ひばり(1937~1989년, 생전에 '가요계의 여왕'이라 불리던 가수 - 옮긴이)가 부르는 수준은 다르지 않나요?

저의 경우엔 상대방에게 이것저것 물어봅니다. 학창 시절에 무슨 짓을 해서 혼났는지, 그런 사소한 이야기를 나누는 것이지요.

> 그러다 보면 스스로 결점이라고 생각되는 부분이 실은 장점인 경우가 많다는 걸 깨닫게 됩니다.

예를 들어 공부는 안 하고 늘 놀기만 한다고 혼났던 사람은 노는 것을 잘한다고 볼 수 있습니다. 그리고 이렇게 자신을 즐겁게 할 수 있는 사람이 남을 즐겁게 하는 일도 잘하는 법입니다.

"넌 수업 중에 왜 그렇게 수다를 떠니? 참 한심하구나!"

만약 이런 꾸지람을 많이 들었다면 말에 소질이 있음을 의미합니다.

남을 즐겁게 할 수 있거나 말을 잘하는 것은 상인의 세계에서 모두 훌륭한 재능입니다. 이런 사람은 손님들이 좋아할 만한 상인의 소질을 충분히 갖고 있다고 봐도 됩니다.

그런데 보통 사람들은 이렇게 생각하지 않습니다. 그리고 자기가 가지고 있는 좋은 점을 깨닫지 못하지요.

이처럼 잘하는 것이 뭔지 듣기보다 오히려 꾸중을 들었던 이야기를 듣다 보면, 그 사람이 정말로 좋아하고 잘하는 것이 무엇인지 발견할 수 있습니다. 만약 잘하는 것을 발견했다면 그다음에는 칭찬을 해주면 됩니다.

다른 사람의 결점을 들추어내고 주의를 주는 건 상대방을 주눅 들게 할 뿐입니다. 그러지 말고 한번 칭찬을 해보세요. 놀랄 정도로 실력을 발휘할 겁니다.

자꾸 주의를 주고 화를 내기보다 상대방의 좋은 점을

발견해서 칭찬하는 쪽이 편합니다. 칭찬받는 쪽도 기분 좋고, 상대는 칭찬해준 당신에게 고맙다고 할 테니 덩달아 행복해질 수 있으니까요.

창피한 경험이야말로 성장의 원동력입니다

요즘 들어 여기저기서 사인을 해달라는 요청을 받는데, 사실 저는 글씨 쓰는 걸 별로 안 좋아합니다. 글씨를 잘 못 쓰니까요. 게다가 뭔가 그럴듯한 말도 같이 써야 하니, 저에게는 글씨를 쓴다는 게 상당히 부끄러운 일입니다. 하지만 창피를 당하기 싫다며 고집만 부리다간 아무것도 하지 못하겠지요.

더군다나 상인은 누군가로부터 부탁을 받는 즉시 처리를 해줘야 합니다. "붓글씨를 제대로 배워서 5년 뒤에 써드리겠습니다."라고 하는 순간 거래는 끝나죠. 결국 창피함을 무릅써야 합니다.

그런데 사람들은 창피해지는걸 굉장히 싫어합니다. 어렸을 때부터 어른들한테서 '남부끄러운 행동을 해선 안 된다.'는 말을 많이 들어왔기 때문이지요. 그런데 창피한 행동을 해선 안 된다는 말은 공자가 한 것이라는 이야기가 있습니다.

공자의 가르침은 에도江戸시대(1603~1867년, 도쿠가와 이에야스가 권력을 장악해 에도 막부를 설치하여 운영한 시기로, 봉건 사회 체제가 확립되었다)에 널리 퍼졌고, 특히 무사들 사이에서 많이 유행했습니다. 왜 이렇게 유행했는지에 대해서는 여러 가지 설이 있지만, 저는 이렇게 생각합니다.

권력을 잡은 인간들은 한 번 자기가 천하를 쟁취하면 그 상태가 언제까지나 지속되기를 바랍니다. 자신의 권좌를 남에게 빼앗기지 않으려면 어떻게 해야 할까요? 밑에 있는 사람들을 꼼짝 못 하게 하면 됩니다. 이렇게 하면 장군은 언제까지나 장군 자리에 있을 수 있지요. 그래서 "그저 가만히 있어라. 창피한 행동은 하지 마라."라고 하는 겁니다.

인간이 새로운 일을 도전하면 열 번 중 아홉 번은 실패하기 마련입니다. 따라서 뭔가 시도를 할 때마다 창피를 당하는 숫자는 늘어나죠. 그리고 실패하면 당연히 창피하고요.

그런데 '창피한 짓을 하면 안 된다.'라는 가르침은 사람을 위축시킵니다. 창피를 당하면 '아, 나는 새로운 것을 시도하면 안 되는구나!'라고 생각하게 만들지요.

그래서 저는 제자들에게, 그리고 회사의 직원들에게 이렇게 말해왔습니다.

"창피한 경험은 얼마든지 해도 됩니다."

"사람은 누구나 창피한 경험을 하면서 성장합니다."

그러자 사람들이 몰라보게 달라졌습니다.

저 역시 이제껏 수많은 시행착오를 겪어왔습니다. 저도 10년 전의 제 모습을 떠올리면 쥐구멍에라도 숨고 싶은 심정입니다. 하지만 그때 **창피함을 경험한 덕분에 저도 10년 전보다 성장할 수 있었습니다.**

사람이 성장한다는 것은 '나는 참 어리석었구나!' 하는 사실을 스스로 깨닫는 것을 말합니다.

즉, 이 사실을 깨우쳤다면 그 사람은 성장한 겁니다. 창피한 경험을 하는 것은 나쁜 게 아닙니다. 물론 공자도 "창피한 짓을 해선 안 된다."라는 말을 실제로 하지는 않았을 겁니다.

사람은 창피하다고 느낄 때 다른 방법을 생각하게 되고, 그만큼 나아질 수 있습니다. 하지만 창피한 경험을 하기 싫다고 생각하면 돌파구를 열 수 있는 기회조차 잃어버리게 되겠죠.

모르는 걸 부끄러워하지 마세요. 모르는 게 있으면 아는 사람한테 물어보면 됩니다. 물론 물어보는 것은 창피한 일이지만, 모르는 걸 물을 수 있으니까 그 사람은 성장할 수 있는 겁니다.

정말로 똑똑한 사람은 자기가 모르는 것을 주저 없이 묻습니다. 저 또한 저한테 질문을 하는 사람을 보고 '이런 것도 모른단 말인가!' 하는 식으로 생각하진 않습니다. '저 사람은 자기가 모르는 것을 질문할 줄 아는 사람이구나.' 하며 오히려 존경하지요. 그리고 속으로 박수를 보냅니다.

그러니 오늘부터 다 같이 창피한 경험을 해봅시다. 창피한 경험을 하면서 배운 것은 평생 잊히지 않습니다. 마음속

깊이 새겨지지요. 그렇게 마음에 새겨진 상처는 결국 자기완성을 위한 하나의 예술작품이 됩니다.

좋은 일과 나쁜 일은 꼭 함께 옵니다

세상살이는 복어요리와 같습니다. 복어는 맛있는 생선이지만 독을 갖고 있지요. 즉, 좋은 일이 생기면 반드시 나쁜 일도 따라서 들어오기 마련입니다.

알기 쉬운 예를 들어보겠습니다. 학력도 좋고 돈도 잘 버는 남자와 결혼했는데 알고 보니 구제불능의 마마보이였다거나, 아름다운 여성과 만나 결혼을 했는데 사치가 심해 돈을 물 쓰듯 한다든가 하는 경우가 있지요.

좋은 일과 나쁜 일은 늘 한 세트입니다. 하지만 그렇다고 좋은 일이 일어났을 때 벌벌 떨 필요까지는 없습니다.

좋은 일은 염려하거나 주저하지 말고 덥석 잡아야 합니

다. 하지만 좋은 일만 잡으려 하면 아무것도 잡을 수 없습니다.

제가 실제로 본 적은 없지만, 기회의 신은 앞부분에만 머리카락을 갖고 있다고 합니다. 따라서 기회의 신을 만나면 그 순간 앞머리를 꽉 잡아야 합니다. 뒤통수에는 머리카락이 없으니 지나간 뒤에는 잡고 싶어도 잡을 수가 없기 때문이지요.

좋은 일과 나쁜 일이 함께 온다고 해서 두려워할 필요는 없습니다. 복어에 독이 있다고 해도 독을 피해서 먹으면 그저 맛있는 생선일 뿐입니다. 같은 이치로, **좋은 일은 받아들이고 나쁜 일은 그저 피하면 됩니다.**

우리 회사의 이름이 점점 알려지기 시작하자, 저는 "저 회사는 종교단체다."라는 말을 들은 적이 있습니다. '종교단체의 가장 큰 이점은 세금을 안 내도 된다는 것인데, 왜 일본에서 가장 세금을 많이 내는 사람이 운영하는 회사를 종교단체라 한단 말인가?' 하는 불만을 품기도 했습니다만, 저는 그때 패스트푸드점 M사를 경영하던 F씨를 떠올렸습니다.

M사는 예전에 '햄버거에 고양이 고기를 넣고 있다.'는

소문에 시달린 적이 있습니다. 고양이를 잡기 위한 비용을 생각한다면 쇠고기를 사용하는 쪽이 훨씬 더 싸게 먹히겠지만, 그럼에도 사람들은 그 소문을 점차 믿게 되었지요.

이런 상황에 처하면 불평을 할 수도 있지만 F씨는 달랐습니다. 오히려 어린이들을 불러 모아 파티를 열고, 고기를 저장한 냉장고 안을 공개하며 고기가 어디에서 왔는지를 차근차근 설명해주었지요. 이렇게 하자 어느새 소문은 사라져버렸습니다.

이런 F씨의 훌륭한 대처를 보고, 저도 우리 회사가 종교단체가 아니라는 것을 사람들에게 알리기 시작했습니다. 앞에서 말했듯이 〈운이 좋은 신사〉를 열었을 때도 입구에 '돈을 넣을 필요도 없지만, 복을 가져다주지도 않습니다.'라는 문구를 써서 붙였지요.

이런 식으로 복어의 독을 피하다 보니 어느새 〈운이 좋은 신사〉에 사람들이 몰려오는 것은 물론, 제 자신의 납세액도 전국 최고가 되었습니다.

만약 그때 제가 '나는 아무런 나쁜 짓을 하지 않았는데 왜 이런 소문에 시달려야 하지?' 하며 불평을 했더라면 이렇게까지 성공하지는 못했겠지요.

불평을 하다 보면 화가 납니다. 그리고 굉장히 많은 에너지를 소모하게 됩니다. 그러면서도 얻는 것은 무엇 하나 없고, 오히려 사람들의 미움만 사게 됩니다.

> 그러니까 나쁜 일이 일어났을 때는 마치 복어의 독을 피하듯, 그 시련을 '얼마나 나쁜 일을 잘 피할 수 있는지를 시험하는 게임'이라 여기면 됩니다.

이렇게 살면, 인생은 그야말로 호화로운 복어요리가 됩니다.

100퍼센트 내 책임이라 여길 때 답이 보입니다

여러분은 어떻게 생각할지 모르겠지만, 저에게는 머리가 좋아지고 깨달음을 얻을 수도 있으면서 무슨 일이든 잘 풀리게 만드는, 마법 같은 주문이 있습니다.

바로 **"100퍼센트 나에게 책임이 있다."**라고 하는 주문입니다.

말 그대로 자신에게 일어난 일은 100퍼센트 자신에게 책임이 있다고 생각하는 것이지요. 0퍼센트도 아니고, 50퍼센트도 아닙니다. 무조건 100퍼센트여야 합니다.

한 가지 예를 들어 보겠습니다. '남자 운'이 정말 없는 여자가 있다고 칩시다. 이 여자에게 좋아하는 남자가 생겨 결혼을 했는데 이 남자가 툭하면 바람을 피웁니다. 여자는 도저히 견딜 수 없어 이혼을 합니다. 그렇게 시간이 조금 흘러 다시 좋아하는 남자가 생겨 결혼을 합니다. 그런데 이번에도 남자가 바람을 피웁니다.

이런 여자는 분명 남자 운이 없다고 할 수 있겠지요. 말 그대로 비극의 여주인공이라 할 수 있습니다.

그런데 이때야말로 '100퍼센트 자신에게 책임이 있다'고 생각할 때입니다. 남편이 바람을 피운 것을 자기 탓이라고 생각하는 것이지요.

말도 안 된다고요? 그런데 놀랍게도 이렇게 생각하면 새로운 사실을 알게 됩니다. 결혼하고 자신이 외모를 가꾸는 데 너무 소홀한 나머지 매력 없는 여성이 되어버렸다는 것을 알게 될지도 모르고, 살림을 엉망으로 해 남편이 질렸다는 것을 깨달을지도 모르거든요.

어찌 되었든 100퍼센트 자신에게 책임이 있다고 생각하면 자연스레 개선해야 할 점을 찾게 됩니다. 그리고 그것을 개선하면, 남편은 더 이상 바람을 피우지 않게 됩니다.

설사 그렇게 했는데도 남편이 계속 바람을 피워 이혼을

하면 어떻게 하냐고요?

그때는 '두 번 다시 그럴듯한 외모와 달콤한 말에는 속지 않겠다'고 결심하고 실천하세요. 그러면 두 번 다시 속을 썩이는 남자를 안 만날 수도 있습니다.

또 한 가지 예를 들어보겠습니다. 당신이 동네에서 유일하게 슈퍼를 운영하는 사람이라고 칩시다. 하나밖에 없는 슈퍼이니, 동네 사람들 모두 그곳을 이용하였지요.

그런데 어느 날 새로운 슈퍼가 들어왔고, 동네 사람들은 모두 그쪽으로 몰려가 버렸습니다. 이때에도 '저 슈퍼만 없었으면 내가 이렇게 손해 보진 않을 텐데…….' 하고 생각할지도 모르지만, 마찬가지로 '책임은 100퍼센트 나에게 있다'고 여겨야 합니다.

그래야만 손님들에게 미소가 부족했던 것은 아닌지, 인사를 제대로 못 한 건 아닌지 등 여러 가지 개선해야 할 점이 떠오르거든요. 이제 무슨 말인지 아시겠죠?

> 무슨 일이 일어나든 '100퍼센트 내 책임이다.'라고 생각하면 개선해야 할 점을 즉시 발견할 수 있습니다. 아주 쉽게 자신을 개선할 수 있는 겁니다.

개선해야 할 점을 발견하는 요령이 궁금하다고요? '자신도 즐겁고 주위 사람도 즐거워지기 위해서는 어떤 일을 해야 할까?'를 생각하면 됩니다. 그렇게 해서 해답을 얻게 되면 마음속에 불이 들어와 환하게 밝아집니다. 그 해답이 바로 정답이기 때문이지요.

너무 신중한 것보다
바로 행동으로 옮기는 편이 낫습니다

시험 문제 중에는 'OX 문제'라는 것이 있습니다. 맞는 답인지 틀린 답인지를 선택하는 것이죠. 이때, 아무것도 쓰지 않으면 점수는 없습니다.

일이든 공부든 마찬가집니다. **인생은 'OX 문제'를 푸는 것과 같습니다.** 하여튼 뭔가를 써야 합니다. 그런데 '난 운이 없는 놈이야.'라고 생각하고 아무것도 하지 않는다면, OX 문제 답안지에 아무 답도 쓰지 않는 것과 같습니다.

냄비에 물을 붓고 개구리를 넣어 불을 지피면 처음에는 물도 적당히 따뜻하니 개구리가 느긋하게 헤엄을 칩니다. 그러다 온도가 서서히 올라가기 시작하면 개구리는 '이거

뭔가 이상한데?' 하고 의심하기 시작하죠. 하지만 자신이 삶아지고 있다는 것을 전혀 눈치채지 못했으므로, 그냥 그렇게 있습니다.

그러다 어느새 물의 온도가 뜨거워져 위기감을 느낄 때는 이미 늦었다고 볼 수 있습니다. 개구리는 보기 좋게 삶아져서 움직이려 해도 꿈쩍도 할 수 없을 테니까요.

오늘날 우리 사회가 처한 상황이 바로 이와 같습니다. 대부분 자기가 운이 좋은 사람이라고 여기지 않기 때문에 과감하게 행동으로 옮기질 못하거든요.

재밌게도, **'나는 운이 좋다.'고 생각하지 못하는 이유는 머리가 너무 좋아서 그런 겁니다.** 그런 사람들은 대부분 부모님이나 학교 선생님으로부터 혼난 일, 자신이 실패한 경험 등을 모두 기억하고 있거든요.

그러다 보면 '이런 일을 하면 또 혼날 텐데…….', '난 운이 없어서 안 될 거야.'라는 식으로 생각해버립니다. 결국 나중에는 도전하는 것 자체를 두려워하게 되지요.

사회에서는 '신중하게 생각한 다음에 행동하라.'라고 가르치곤 하는데, 이것저것 따진다고 해서 성공할 수 있는 건 아닙니다.

자신이 한 일이 성공인지 실패인지는 직접 앞으로 한 걸음 내디딜 때만 알 수 있습니다. 즉, 해답은 뭔가를 행동으로 옮겼을 때만 알 수 있는 겁니다.

그런데 스스로 운이 없다고 생각해버리면 아무런 행동도 취하지 않게 됩니다. 가만히 있으면 실패할 위험이 없으니까요.

하지만 제가 보기에 아무것도 안 하는 인생, 도전하지 않는 인생이야말로 정말 재미없고 지겨운 삶입니다. 사실 이런 삶이야말로 실패한 인생인 거죠.

물론 뭔가를 행동으로 옮기다 보면 실패하는 경우도 있을 겁니다. 그러나 뭔가를 해서 잘되지 않았다는 것은 곧 '이 방식으로는 안 되겠구나.'라는 사실을 깨닫게 되었음을 의미합니다.

'좋은 공부를 했구나. 덕분에 많은 걸 배웠어.'

'그래도 일찍 실패를 맛봤으니 다행이야. 역시 난 운이 좋아!'

실패했을 땐 이런 식으로 생각하면 됩니다. 이렇게 하

다 보면 새로운 아이디어가 떠오르기 마련이죠. 그리고 다시 그 아이디어를 실행하면 됩니다. 바로 이러한 과정이 반복될 때 비로소 성공의 열매를 맺을 수 있습니다.

가령, 가게에 손님이 없는 날엔 어떻게 하면 될까요? 그날은 아래와 같이 생각하면 됩니다.

'오늘은 손님이 뜸하네. 새로운 손님을 끌어들일 아이디어를 짤 수 있는 여유가 생기니, 나는 운이 좋군.'

운이 없다고만 생각하면 뭔가를 하려는 의욕이 생기지 않습니다. 기껏해야 '이대로 손님이 없으면 정말 큰일인데…….' 하는 푸념만 늘어날 뿐입니다.

'운이 좋다.'는 말의 힘을 빌려 힘차게 한 걸음 내디디세요. 결과와 상관없이 한번 해보는 겁니다. 그러면 자연스레 새로운 아이디어, 성공을 위한 아이디어가 떠오릅니다. 그리고 그렇게 운이 흘러들어옵니다.

'운이 운을 부른다.'는 말은 바로 이런 것을 뜻합니다.

지나간 과거도 바꿀 수 있습니다

'과거는 바꿀 수 없지만, 미래는 바꿀 수 있다.'

흔히 이렇게들 말하지만, 저는 이에 동의하지 않습니다. 저는 반대로 생각하거든요.

'과거는 바꿀 수 있어도, 미래는 바꿀 수 없다.'

이게 진짜 현실입니다. 어째서 과거를 바꿀 수 있냐고요?

과거에 일어난 일이란 한마디로 '추억'이죠. 추억이라는 것은 나중에 얼마든지 바꿀 수 있는 겁니다.

예컨대 저는 학창 시절에 공부하는 게 너무 싫었습니다. 그래서 고등학교에 진학할 수 없었지요. 하지만 덕분에 사회생활을 일찍 시작할 수 있었고, 상인이 될 수 있었고, 오늘날의 위치에까지 오를 수 있었습니다.

그래서 저는 '공부를 싫어해서 참 다행이다. 지금 이렇게 행복하게 지낼 수 있으니까.' 하고 생각합니다.

참 재미있는 것은, **지금 행복하면 과거의 불행 또한 좋은 추억거리가 된다는 것**입니다. 과거의 언짢았던 경험마저 오늘의 자신을 만들어준, 소중한 경험이 되는 겁니다.

어렸을 때 큰 병에 걸려 심하게 고생했던 사람 중에는 크게 앓아본 경험 덕에 사람들을 따뜻하게 대하고 여러 사람에게 도움을 주는 일에 보람을 느끼게 되었다고 하는 경우가 있습니다.

> 이처럼 과거의 힘들었던 추억도 흐뭇하게 떠올릴 수 있는 사람은 분명 '지금 행복한 사람'입니다.

그리고 지금 행복하니까 미래도 행복할 수 있는 겁니다. 미래를 바꿀 수 있는 경우는 바로 이러한 때에 해당됩니다.

따라서 지금 힘든 일을 겪고 있다 해도 시간이 흘러 행복한 추억거리로 떠올릴 수 있다면, 그 경험은 자신의 소중한 보물이 되는 것입니다.

잡초가 아스팔트를 뚫고 나오는 모습을 본 적이 있나요? 아스팔트 밑에 숨어 있던 잡초는 그야말로 작고 힘없는 존재였을 겁니다. 하지만 잡초는 자신이 가지고 있는 온 힘을 다해 오랜 시간을 거쳐 아스팔트를 뚫고 나온 것이지요.

우리 인간도 마찬가지입니다. 인간은 만물의 영장이라고들 합니다. 따라서 여러분도 과거를 바꿀 수 있습니다. 눈앞의 현실을 힘차게 뚫고 나간다면, 힘든 경험도 어느새 자신의 보물이 되어 있을 겁니다.

뭔가를 배우려는 자세가 있으면 금방 성공합니다

세상에는 출세한 사람과 그렇지 못한 사람이 있습니다. 이 둘의 머리는 뭐가 다른 걸까요?

저는 인간의 머리는 그렇게 큰 차이가 없다고 생각합니다. 그래서 종종 이런 말을 하곤 하지요.

'성공은 눈과 발로 하는 것이다.'

이게 무슨 말이냐고요? 만약 당신이 장사를 하고 있는데 장사가 잘되는 법을 알고 싶다면 장사가 잘되는 가게를 '보러' 가면 됩니다.

왜냐하면 상인에게는 실험실이 없기 때문이지요. 그리고 상인에게는 비밀이라는 게 없습니다.

직접 가게에 가보면 직원들이 "어서 오십쇼!" 하며 당신을 기쁘게 맞아줄 겁니다. 손님을 맞이하는 법, 인테리어, 상품 진열 등 모든 것을 보여주지요.

따라서 열 걸음이든 백 걸음이든, 직접 걸어가서 잘되는 가게를 구경하면 됩니다. 그렇게 그 가게에서 배울 만한 점을 찾아서 따라 하면 되는 것이지요.

> 일은 과학입니다. 때문에 얼마든지 흉내를 낼 수도 있는 겁니다.

과학이라 함은 누가 해도 똑같은 답이 나온다는 것을 뜻하기 때문이죠. '내가 하니까 틀린 답이 나오더라!' 하는 경우는 없습니다. 다른 곳에서 성공한 일을 배워서 똑같이 하면 똑같은 결과를 낼 수 있습니다.

물론 "그렇게 흉내를 내면 개성이 없는 거 아니냐"며 따지는 사람도 있습니다. 그런데 이건 참 이상한 생각입니다.

생각해보세요. 유명한 탤런트가 머리를 길렀다고 해서 머리를 기른 사람이 그 탤런트와 똑같은 사람이 되는 것은 아니지요. 똑같은 헤어스타일을 한다 해도 사람은 각자 다른 존재니까요.

이처럼 인간은 다른 사람과 똑같은 행동을 해도 자신만의 개성을 드러내기 마련입니다. 신이 그렇게 창조한 것이지요.

그러니 눈과 발을 사용해서 좋은 점은 배우고, 나쁜 점은 따라 하지 않으면 됩니다. 그런데 희한하게도 사람들은 오히려 나쁜 점은 배우고, 좋은 점은 좀처럼 따라 하려 하지 않습니다.

가령, 맛있는 국수 가게란 곧 손님이 줄을 서는 가게를 말합니다. 그런데도 그런 가게에서 맛을 보고 '역시 우리 가게 국수가 더 맛있구나.' 하고 생각하는 건 무슨 심보랍니까?

자신의 가게가 더 잘되고 있다면야 이해가 가지만, 손님도 없이 파리만 날리고 있는데도 그렇게 생각한다면 자신의 혓바닥을 의심해봐야 합니다. 그런 상황에서는 무조건 그 가게의 장점을 배우고 연구해야 하는 겁니다.

만약 그 가게가 남들이 모르는 독특한 양념을 사용하고 있다면 그게 뭔지 알아내야겠지요. 그 양념의 재료라는 것은 사실 오래전부터 흔히 사용되어온, 뻔한 것일 확률이 높습니다. 동업자인데도 모르는 게 이상한 것이죠.

만에 하나 도저히 그 재료를 모르겠다면 그 가게가 어디서 재료를 조달하는지를 알아보면 됩니다.

> 알아보기가 귀찮으니까 모르는 겁니다. 뭔가를 배우려는 자세만 있다면 금방 성공할 수 있습니다.

다시 한 번 강조하는데, 성공의 비결은 눈과 발입니다.

"바른 몸가짐, 웃는 얼굴, 애정 어린 말,
이 세 개면 충분합니다"

5강

관계

싸우지 않고 이기는 것이 진짜 승리입니다

사업가든 직장인이든 주부든 학생이든 간에 누구에게나 도움이 되는 그런 얘기를 해볼까 합니다. 인생의 모든 일이 잘 풀리게끔 하는 성공법칙 같은 것 말입니다.

예컨대 성城이 하나 있다고 칩시다. 당신은 적군의 대장이고 이 성을 차지해야 합니다. 그럼 여기서 문제를 내겠습니다. 당신은 이 성을 어떻게 차지하겠습니까?

분명 적을 무찔러 함락시키면 된다고 하겠지요. 하지만 전투에서 이겼다 해도 당신의 병사들은 피를 흘리게 됩니다. 그리고 적장의 목을 땄다 해도 그게 원인이 되어 나중에 적이 당신의 목을 노리게 될 가능성도 있습니다.

그럼, 한 가지 힌트를 드리죠. 다시 한 번 본래의 목적을 떠올려보기 바랍니다. 애당초 목적은 무엇이었습니까?

바로 성을 차지하는 것입니다. 피를 흘리는 게 목적은 아니었죠. 그러니까 피를 흘리지 않고 성을 차지하면 됩니다.

어떻게 그럴 수 있냐고요? 답은 간단합니다.

> 싸우지 않으면 됩니다. 적을 자기편으로 만들어버리는 겁니다.

자기편으로 만들면 피 한 방울도 흘릴 필요가 없습니다. 게다가 자신의 병력도 그만큼 늘어나게 되지요.

저는 이것이야말로 최강의 성공법칙이라고 생각합니다. 그러니 적을 만들지 마세요. 만나는 사람마다 자기편으로 만들라는 말입니다.

'만나는 사람마다 자기편으로 만들라.'는 말이 굉장히 어렵게 느껴질 수도 있겠지만, 의외로 힘든 일이 아닙니다. 실은 누구나 할 수 있습니다.

상대를 변화시킬 수 없음을 깨닫는 것이 결혼 생활입니다

저는 평소에 이런 생각을 합니다.

'우리는 모두 수행을 하기 위해 이 세상에 태어났다.'

저는 하고많은 수행 중 가장 큰 수행이 바로 '결혼'이라 생각합니다.

왜 결혼이 가장 큰 수행이냐 하면, 부부라는 것은 세상에서 가장 궁합이 맞지 않는 사람이 어쩌다가 서로 좋아하게 되어 한 지붕 아래에서 살게 된 관계이기 때문이죠.

이런 말을 하면 "세상에서 궁합이 가장 안 맞는 사람과 어떻게 결혼까지 할 수 있습니까?" 하고 지적하는 분도 있습니다. 그렇게 생각하고 싶으면 그렇게 생각해도 됩니다. 누가 옳고 그르다고 하고 싶은 게 아니라, 어디까지나 저의 개인적인 생각이 그렇다는 것이니까요.

하여튼 얘기를 계속해보겠습니다. 어째서 세상에서 궁합이 가장 안 맞는 사람이 부부가 되는 걸까요?

세상에서 가장 궁합이 안 맞는 사람이 만나면, 순간 번쩍하고 불꽃이 튀어 눈이 멀어버립니다. 그러다 어느새 결혼까지 이르게 되죠.

불꽃이 튀어 스위치를 누르면 뇌에서 특수한 호르몬이 나옵니다. 그러면서 순간적으로 판단력이 흐려지지요.

그런데 재밌게도 상대방이 이상하면 이상할수록 호르몬의 분비량이 늘어납니다. 그리고 주위 사람들이 '저 사람은 이상하다'고 충고를 하면 할수록 더 열을 올리게 됩니다. 그렇게 결국 결혼에 골인하기에 이르죠.

그렇게 결혼식장에서 '딴 따따따' 하며 행진을 하고 서로 서약을 하는 순간, 그것이 바로 결투를 알리는 종소리가 됩니다. 이때부터 **시간제한이 없는 한판 승부가 벌어지는 것**이지요. 무슨 말인가 하면, 결혼을 하면 호르몬의 분비가 서서히 사라진다는 뜻입니다.

아침에 눈을 뜨면 자신과는 전혀 궁합이 맞지 않는 사

람이 옆에 누워 있다는 사실을 깨닫게 됩니다. 그리고 엎친 데 덮친 격으로 상대방은 자신이 싫어하는 짓만 골라서 하기 시작합니다.

만약 게으른 짓을 죽도록 싫어하는 사람이라면 상대방이 집에서 뒹굴뒹굴하는 꼴을 보게 될 겁니다. 질투를 견디지 못하는 사람의 배우자는 질투의 화신처럼 행동할 거고요. 구속받는 것을 싫어하는 사람이라면 상대방은 계속해서 참견하고 속박할 겁니다.

그렇다고 해서 금방 헤어질 수는 없습니다. 피로연을 할 때 많은 사람들 앞에서 "오래오래 이 사람과 행복하게 살겠습니다!"라고 선언해버렸거든요. 개중에는 주례를 본 사람이 직장 상사인 경우도 있을 테니, 더더욱 쉽사리 헤어질 수 없겠지요.

그렇다고 오해하지는 마세요. 그러니까 결혼하지 않는 쪽이 좋다고 말하려는 건 아닙니다.

물론 결혼은 하는 게 좋습니다. 결혼식을 치르는 것도 행복한 일입니다. 어쩌면 이혼해서 더 행복해질지도 모르지만, 어쨌든 부부 생활이라는 것은 수행을 하는 시기를 의미합니다.

그렇다면 무슨 수행을 하는 걸까요?

바로 '사람은 상대방을 억지로 변화시킬 수 없다.'는 것을 깨닫는 수행이지요.

이 사실을 깨닫기 위해서 그토록 궁합이 안 맞는 사람을 선택해서 함께 생활하게 되는 겁니다.

상대를 억지로 바꾸려 하는 쪽이 거의 지게 됩니다

부부 생활이라는 수행을 잘해나가려면 상대방에게 절대 기대를 걸지 말아야 합니다. 또, 상대방을 변화시키려고도 하지 마세요. 이 두 가지만 지키면 됩니다.

누구나 다른 사람이 자신을 바꾸려 하면 싫어합니다. 모두가 다른 사람에 의해 변하기 싫어하니 서로 자신의 주장이 옳다고 내세우게 되지만, 어느 쪽이 옳고 그르다고 하는 건 잘못된 것입니다. 그저 살아온 환경이나 생활 방식이 서로 달라서 생긴 일일 뿐이니까요.

예를 들어, 저희 부모님은 장사를 하셨습니다. 그래서 손님이 뭔가 부탁을 하면 밝은 목소리로 "예!" 하고 대답하시죠. 당연히 당신 자식한테도 그렇게 가르치셨고요. 그러다 보니 부모님이 "물 한잔 가져올래?" 하는 부탁을 하셨을 때 물만 가져다드리면 안 됩니다. 반드시 "예!"라고 대답한 다음 물을 가지러 가야 했지요. 만약 그렇게 하지 않으면 사랑의 매를 맞기도 했고요.

저는 이런 가정에서 자라왔기에 누군가 부탁했을 때 대답하지 않는 것은 좋지 않다고 생각합니다. 하지만 장사를 하지 않는 집안의 사람은 이렇게 일일이 대답하지 않더라도, 최소한의 예절만 지키면 칭찬을 받았을 겁니다.

이런 사람은 누군가로부터 부탁을 받았을 때 대답하지 않는 것을 나쁜 행동이라고 여기지도 않지요. 따라서 제가 암만 대답을 하라고 주의를 준다 해도 저를 잔소리만 하는 시끄러운 사람이라 여기고 따르지 않을 겁니다.

이렇게 상대방을 바꾸려 하면 오히려 자기가 싫은 소리를 듣게 됩니다.

그래서 상대방을 억지로 바꾸려는 쪽이 늘 지게 되고, 고통을 받게 되는 겁니다.

사실 부부 사이뿐 아니라 모든 인간관계는 '상대방에게 기대도 하지 말고, 상대방을 억지로 바꾸려 해서도 안 된다.'는 것을 깨닫기 위한 수행이라 할 수 있습니다. 사실 자기가 살아온 방식이 암만 옳다고 여겨도 다른 곳에서는 다르게 생각하는 경우도 많이 있지요.

서로가 '나는 옳고, 너는 틀렸다.'는 주장만 하다 보면 끝이 안 납니다.

> 따라서 인간관계를 좋게 유지하려면, 상대방을 바꾸려 하지 말고 자신을 바꾸는 수밖에 없습니다.

결혼식장에서 신랑, 신부한테 "무엇이든 허물없이 말할 수 있는 부부가 되십시오."라고 말하기도 하지만, 그래서는 안 됩니다. 부부라고 해서 서로 하고 싶은 말을 다 해버리면 실제로는 엄청난 싸움이 일어납니다.

부부간에도 서로 예의를 지키고 상대방의 기분을 헤아리면서 말을 해야 합니다. 좀 더 멋지게 표현하자면 '위트가 있는 말'이라고나 할까요? 서로가 밝아지고 같이 웃을 수 있는 말이라면 누구든 환영할 수밖에 없습니다. 즉, 서로가 즐거워질 수만 있다면 무슨 말이든 괜찮습니다. 서로 즐거워지는 말을 했을 때, 모두가 행복할 수 있는 겁니다.

물론 인간은 완벽하지 않기 때문에 할 수 없는 일도 있습니다. 저 또한 할 수 없는 일이 있지요. 저는 어렸을 적부터 부모님으로부터 "약속 시간에는 절대로 늦어선 안 된다."라는 말을 들어왔습니다. 그래서 저는 반드시 10분 전에 약속 장소에 도착해서 상대방을 기다립니다.

그런데 제가 아는 사람 중에는 30분 정도는 예사로 늦는 경우도 있습니다. 심지어 어떨 때는 한 시간씩 늦기도 합니다. 하지만 그렇다고 해서 그 사람을 유심히 살펴봐도 주위 사람들한테 특별히 신용을 잃고 있는 것도 아닙니다. 되레 친구도 많고 좋은 사람이라는 평가를 받고 있지요.

이런 사람을 보면 '10분 전부터 미리 나와서 기다리는 나는 뭐지?' 하는 불만이 생기기도 하지만, **내가 그 정도 그릇밖에 안 되는 인간이니까 이런 수행도 필요하다**고 생각하면 그만입니다.

싫은 사람과 만날 시간에
행복해지는 일을 하세요

사람이라면 누구나 싫어하는 일이 두 가지 있습니다.

하나는 만나기 싫은 사람을 만나는 것, 다른 하나는 만나고 싶은 사람을 만날 수 없는 것입니다.

이 두 가지는 누구에게나 고통스러운 일이지만, 사실 만나지 못하는 사람은 꿈에서라도 만날 수 있지요. 하지만 만나기 싫은데도 만나야 하는 경우는 정말 이러지도 저러지도 못하는, 참 곤란한 상황입니다.

만나기 싫은 사람이라는 것은 결국 자신과 코드가 맞지 않는 사람을 말합니다. 누구든지 자신과 코드가 안 맞는 사람이 주변에 한두 명 정도는 있을 겁니다. 물론 저에게도 만나기 싫은 사람이 있지요. 그러나 그 사람은 제 앞에 모습을 드러내지 않는답니다.

왜냐고요? 답은 간단합니다. 제가 그 사람을 만나려 하지 않기 때문이죠. 만에 하나 만나야 한다면 잽싸게 도망가버립니다.

'정말 그래도 되느냐?'고 반문하는 사람이 있을지도 모르지만, 저는 아무런 문제가 되지 않는다고 생각합니다.

고통받는 것이야말로 인간에게 있어 가장 큰 골칫거리입니다. 코드가 안 맞는 사람끼리 얼굴을 맞대면 싸움이 일어납니다. 하지만 만나지 않으면 그런 일은 애초에 일어나지 않겠지요.

만나기 싫은 사람은 그냥 안 만나면 됩니다. 다만 한 가지 기억해야 할 게 있습니다.

맛있는 음식을 떠올리면 자기도 모르게 군침이 돌지요? 마찬가지로, 싫어하는 사람은 아예 떠올리지도 마세요. 그 사람에 대해 생각한다는 것은 곧 머릿속에서 그 사람을 만나고 있다는 것을 뜻하니까요.

'그래도 이 사람을 받아들여야 하지 않을까?'

'그래도 좋은 점을 발견해서 칭찬해줘야 할 텐데…….'

아무리 이렇게 생각해도 자신과 맞지 않는 사람은 영원히 맞지 않는 법입니다. 도저히 좋아할 수 없는 사람을 좋아하려 해봤자 자신만 고통받을 뿐이죠.

'그래도 이 사람을 만나는 건 일종의 수양이다.'라고 여기며 굳이 스스로 고행을 선택하려 한다면, 그건 자유입니다만, 고통받는 게 자신만이 아니라면 어떻겠습니까?

싫어하는 사람을 만나다 보면 자신도 모르게 상대를 괴롭히는 경우가 생깁니다. 시어머니와 며느리 사이가 안 좋은 경우가 종종 있지요. 여러분 중에도 남편과 시댁에 갈 때마다 시어머니와 시누이한테 괴롭힘을 당하는 분이 있을 겁니다.

그건 왜 그런 걸까요? 답은 간단합니다. 시어머니 입장에서 아들은 반갑지만 며느리는 반갑지 않기 때문이죠.

따라서 안 맞는 사람을 만나지 않는 것은 상대방에 대한 배려이기도 합니다. 그러니까 이 경우에는 남편만 시댁에 보내고 자기는 안 가면 됩니다.

물론 참을 수 있는 수준의 사람이라면 참아도 됩니다. 하지만 도저히 참을 수 없을 정도로 싫은 사람이라면 굳이 만날 필요까지는 없습니다.

일본에만 해도 1억 3천만 명보다 많은 수의 사람들이 있습니다. 이렇게 사람이 많은데, 굳이 자기가 싫어하는 사람을 만날 이유는 없지 않나요?

> 싫어하는 사람과 만나 고통을 받으면서도 행복해질 수는 없습니다. 만나기 싫은 사람과 만날 시간에 자기가 행복해지는 일을 하세요.

그리고 이렇게 하다 보면, 신기하게도 오랜만에 그 사람을 만났을 때 오히려 사이가 더 좋아지는 경우도 있습니다.

누구를 만나든
'호감'만은 받아내세요

부모는 자식한테 흔히 이렇게 말합니다.

"최소한 다른 사람에게 피해는 주지 말아라."

하지만 저는 이 말이 별로 마음에 들지 않습니다. 담배를 피우면 다른 사람에게 피해를 준다고 생각하는 사람도 있는 반면, 그렇게 생각하지 않는 사람도 있지요. 어떤 행위가 남에게 피해를 주는 것인지에 대해서는 사람마다 생각이 다릅니다.

"최소한 다른 사람들에게 피해는 주지 마라."라는 말에 너무 신경을 쓰다 보면 오히려 골치가 아파집니다. 일일이 '이 행동이 남에게 피해를 주는 걸까?' 하고 생각하다간 피곤해질 수밖에 없지요.

그래서 저는 이렇게 말합니다.

"최소한 다른 사람에게 '호감'을 받아내도록 하세요."

이게 더 쉽지 않나요? 제가 하는 말이 이상하다고요? 피라미드는 아래로 내려갈수록 돌의 숫자가 많아집니다. 돌이 너무 많으니까 어느 걸 집어야 할지 혼란스러울 정도죠. 반면 위로 올라갈수록 돌의 숫자는 줄어듭니다. 그리고 피라미드의 정상에는 오직 한 개의 돌이 있고요.

마찬가지로, '최소한 다른 사람에게 호감을 얻는다'는 정의를 실현하기 위해 해야 할 행동은 오직 한 가지입니다.

'모두가 좋아하는 일'이란 무엇일까요? 바로 웃는 표정과 애정이 담긴 말입니다. 그냥 그뿐입니다. 여기서 애정이 담긴 말이란 남을 배려하는 말을 뜻합니다. 남을 배려하는 말이 무엇인가를 따지면 하루 종일 걸려도 모자랄 테니, 여기서는 '남을 배려하지 않는 말'이 뭔지를 생각해 봅시다.

험담이나 신세 한탄, 욕설, 푸념 등을 들으면 누구나 짜증이 나기 마련입니다. 그러니까, 그냥 그런 말들을 안 하면 됩니다.

이런 부정적인 말을 하는 당사자는 속이 시원할지 몰라도 한 번 입 밖으로 나오면 공기가 무거워집니다. 그리고 주위의 모든 사람들이 부정적인 분위기에 휩싸이게 됩니다. 그 자리에 있는 게 불편해지지요. 그리고 빨리 그 자리를 벗어나려 하게 되고요.

만약 장사를 하고 있는 곳이 이런 분위기를 풍기고 있다면 그야말로 큰일입니다. 손님이 방문하더라도 "그거 하나 주세요. (물건을 받고 나서 곧바로) 예, 안녕히 계세요." 하고 금방 나가버리죠.

누구든지 분위기가 무거운 가게는 두 번 다시 발을 들여놓기 싫어하는 법입니다. 그래서 평소에 애정이 담긴 말을 하는 게 좋다는 겁니다. 따라서 자기도 모르게 상대방에게 상처를 입히는 말을 하지 않도록 주의해야 합니다.

예를 들어 '불독'을 세상에서 가장 귀여운 동물이라고 생각하는 남자가 있다고 합시다. 그렇다고 그가 어떤 여성에게 "당신은 참 불독처럼 귀엽군요."라고 한다면, 당사자는 칭찬으로 한 말일지 몰라도 상대방은 상처를 입겠지요. 이런 일이 일어나지 않도록 저 또한 평소에 **애정이 담긴 말을 하는 훈련**을 하고 있답니다.

주위에 좋은 일이 생기면 꼭 다가가서 축하해주세요

세상에는 '보험'이라는 게 있습니다. 병이나 사고, 화재 등 곤란한 일이 생겼을 때를 대비해서 돈을 적립해 두는 것이지요. 마찬가지로 성공이라는 것을 얻기 위해서도 미리 뭔가를 지불해야 합니다.

무슨 말을 하고 싶은 것이냐 하면, **처음부터 다른 사람에게 이익을 안겨주라**는 겁니다. 대가를 바라지 않고 도움을 주는 것이지요. 그러면 나중에 반드시 보상을 받게 되어 있습니다.

그런데 대부분은 뭔가 대가가 있을 때 비로소 남을 도우려 합니다. 이는 곧 남이 나를 도와주면 그때 가서 나도 남을 도와주겠다는 심보입니다.

이는 마치 보험금을 내지도 않으면서 "돈 주세요." 하고 손을 내미는 것과 같습니다. 이런다고 보험금을 탈 리는 없겠죠. 아시다시피 사고가 난 뒤에는 보험에 들어도 돈을 받을 수 없으니까요.

그러니까 처음부터 남에게 도움을 주라는 겁니다. 그렇다면 어떻게 도움을 줘야 할까요?

남이 이득을 보게 하는 방법에는 여러 가지가 있겠지만, 사람들이 가장 좋아하는 것은 바로 이런 말을 듣는 겁니다.

"참 잘되었군요!"

"정말 훌륭하네요!"

한마디로, 남을 칭찬하면 됩니다. 그리고 여기서부터가 굉장히 중요합니다. 사실 성공한 사람들은 자신의 성공담을 남에게 얘기하고 싶어 입이 근질근질합니다. 이건 사실입니다. 성공담이라는 것은 듣는 쪽도 즐겁지만, 말하는 쪽도 즐거운 법이지요. 게다가 남에게 성공 비법을 가르쳐주면 상대방은 무척 고마워합니다.

그런데 성공한 사람은 이렇게 누구든지 자신의 성공담

을 말하고 싶어 하지만, 실제로는 어지간하면 입을 열지 않습니다. 왜일까요? 주위에서 입을 열지 못 하게 하는 환경을 만들기 때문이죠.

정말 열심히 노력해서 성공했는데도 주위 사람들은 "저 친구는 유치원 때 논두렁에 빠져 엉엉 울었던 아이야." 하며 험담을 늘어놓기 시작합니다. 회사에서 승진을 해도 주위 사람들은 "부장한테 얼마나 아부를 잘하면……." 이런 식으로 비아냥거립니다.

그 사람이 어렸을 때 울보였건 부장에게 아부를 했던 간에 상관하지 마세요. 그저 "축하한다. 잘했어!", "정말 훌륭해! 넌 그동안 열심히 했으니까 당연한 결과야!" 이렇게 말하면 됩니다.

이러다 보면 성공한 사람으로부터 "잠깐만 이쪽으로 올래? 내가 좋은 걸 가르쳐줄게." 하는 말을 듣게 됩니다. 그렇게 성공에 관한 지혜를 쉽게 얻는 것이지요.

남을 칭찬할 줄 모르고 험담만 하는 사람, 이런 사람은 어느새 '저 인간한테만은 절대로 가르쳐 주기 싫다.'고 여겨지는 사람이 되고 맙니다.

주위 사람 중에 좋은 일이 생기면 다가가서 칭찬해주고 축하해주세요. 복권에 당첨되든 뭐가 되든 그저 "정말 훌륭해!"라고만 말하면 됩니다.

이 말을 하는 게 어렵다고요? 그렇다면 평생 남 험담만 하면 어떤 인생을 살게 되는지 직접 경험한 다음, 논문을 써서 발표해보세요. 물론, 이건 농담입니다만.

400번은 반복해서 말할 수 있어야 가르칠 자격이 있습니다

우물을 팔 때, '땅을 대여섯 번 삽질하면 물이 나오겠지.'라고 생각하면 큰 착각입니다. 이는 각오가 한참 부족한 겁니다.

그럼, 삽질을 얼마나 하면 될까요? 물이 나올 때까지 우물을 파면 됩니다. 그리고 깊은 우물일수록 물은 깨끗한 법입니다.

사람도 마찬가지입니다. 다른 사람에게 뭔가를 가르칠 때는 상대가 할 수 있을 때까지 가르치면 됩니다.

저의 제자들은 하나같이 많은 직원을 거느린 경영자이자 사업가입니다. 하지만 이 사람들이 애당초 사업가는 아니었습니다. 그들은 원래 고작해야 조그만 다방을 운영하거나 직장생활을 했거나 지압사 혹은 신문사의 계약 사원이었죠. 즉, 큰 규모의 사업과는 인연이 없는 삶을 살아온 사람들입니다.

저는 이런 사람들에게 사업에 대한 갖가지 지식을 가르쳤습니다. 그런데 이런 말을 하면 "사이토 씨, 아무것도 모르는 사람들에게 사업을 가르쳤다니 많이 힘드셨겠네요." 하는 분들이 있습니다.

물론 바이올린을 본 적도, 만져본 적도 없는 사람에게 바이올린 켜는 방법을 가르치는 건 보통 일이 아닐 겁니다. 하지만 가르치는 쪽에서 '이 사람이 못해도 내가 대신 켜주면 되지!'라는 다부진 각오로 임한다면, 상대방은 어느새 바이올린을 켤 수 있게 되는 법이지요.

저는 평소에 이런 생각을 하곤 합니다.

'사람에게 뭔가를 가르치는 일은 같은 말을 400번 반복할 수 있느냐 없느냐에 달려 있다.'

그런데 각자 개인차가 있으니 사실 400번 말해도 잘할 수 없는 경우도 있습니다. 그럼 어떻게 하냐고요? 저는 꽤 성격이 느긋한 편이라서 400번을 말해도 못 알아들으면

900번은 말합니다. 앞서 말했듯, 4와 9를 합하면 좋아지게 되어 있으니까요.

이래도 못 알아들으면 어떻게 하냐고요? 그럼, 1천500번 말하면 됩니다. 물론 제자들은 저보다 더 뛰어난 사람들이니까 실제로 같은 말을 수백 번씩 한 적은 없습니다.

저의 제자 중에 평소 정말 책을 안 읽었던 사람이 한 명 있습니다. 저는 그 사람한테 "이 책 정말 재밌어. 밥 먹고 잠자는 것도 잊어버릴 정도야. 이런 책을 만난 너는 정말 운이 좋은 거야."라는 말을 몇 년 동안 했습니다. 적어도 천 번은 말했을 겁니다.

그랬더니 어느새 스스로 책을 찾아서 읽고, 급기야 자기가 글을 써서 책을 내기까지 하더군요. 운이 좋은 사람이라고 자부하는 저도 정말 깜짝 놀랐습니다.

뭔가를 가르칠 때 상대방에게 소질이 있느냐 없느냐는 그다지 문제가 안 된다고 봅니다. 또, 상대방이 의욕을 가지고 있느냐도 그렇게 중요하진 않습니다.

중요한 것은 가르치는 쪽이 상대방이 할 수 있을 때

까지 가르칠 각오가 되어 있느냐는 것입니다.

'한두 번 정도 가르치면 그걸로 충분하지 않느냐?'고 하는 사람도 있지만, 한두 번 해서 할 수 있다면 그 사람은 천재입니다. 하지만 세상에는 천재가 아닌 사람들이 훨씬 많지 않나요?

'나는 천재를 가르치고 싶다'고 생각하는 건 그 사람의 자유입니다만, 그렇다면 '과연 내가 천재를 가르칠 수 있을 정도로 천재인가?'를 한번 생각해보세요.

"왜 저번에 가르쳤는데도 아직도 못하는 거야!" 하며 화내는 것보다 400번 가르쳐서 안 되면 900번, 900번 해도 안 되면 1천 500번, 그래도 안 되면 '다음 생애에 할 수 있으면 된다'고 생각하는 게 훨씬 마음이 편합니다.

자신의 인생은
다른 사람이 평가하는 겁니다

앞서 1강에서 만나는 사람마다 자기편으로 만드는 방법에 대해 소개하면서 웃는 얼굴로 애정이 담긴 말을 하면 된다고 했는데, 이것만으로 충분하냐 하면, 사실 그렇지는 않습니다.

덧붙여서 또 한 가지 신경 써야 할 게 있습니다. 웃는 얼굴로 애정 있는 말을 하는 데 필요한 노력에 비하면 그리 힘든 일은 아닙니다. 단 1퍼센트의 노력만 있으면 됩니다. 고작 1퍼센트지만, 이것을 하면 나머지 99퍼센트는 잘 풀리게 되어 있습니다.

그게 무엇이냐고요? 바로 '제대로 된 몸가짐'입니다.

목깃에 때가 낀 셔츠를 입고 있어도 아무렇지 않게 여기는 사람들이 간혹 있습니다. 제가 상관할 바는 아니지만, 솔직히 '저 사람은 정말 아무렇지도 않을까?' 하는 생각을 하기도 합니다.

> 그렇습니다. 자신의 인생은 다른 사람이 평가하는 것입니다.

당신이 가게를 운영하고 있다고 칩시다. 당신의 가게에서 물건을 살지 안 살지를 결정하는 사람은 누구일까요? 두말할 필요도 없이 '손님'입니다.

그런데, 아시다시피 지나가는 사람을 억지로 붙잡아 가게로 끌어오는 데에는 한계가 있습니다.

직장인도 마찬가지입니다. 아무리 회사에서 열심히 일한다 해도 당신의 출세를 결정하는 것은 당신이 아닙니다. 회사의 사장이죠.

'자신의 삶은 다른 사람이 평가해주는 것'이라고 가정하고, 더러운 셔츠를 입고 슬리퍼를 질질 끌고 다니면 어떻게 될지 한번 생각해보세요.

이야기가 잠시 엉뚱한 데로 흘러갔습니다만, 신사에 가면 거울을 볼 수 있습니다. 그리고 그 거울을 들여다보면 신의 모습이 비친다는 말이 있습니다.

제가 세운 〈운이 좋은 신사〉에도 거울이 놓여 있습니다. 거울을 들여다보면 당연히 자신의 모습이 비칩니다. 당신이 거울을 들여다본다면 당신의 모습이 비치겠죠.

이 말인즉슨 당신도 신의 모습을 한 존재라는 뜻입니다.

당신의 몸은 신이 머무는 궁전입니다. 당신의 머리는 그 궁전의 지붕이고, 얼굴은 출입구이며, 신발은 기둥을 받치는 토대입니다.

그러니까 당신의 얼굴을 더럽혀서도 안 되고, 신발에 구멍이 뚫려서도 안 되겠지요. 늘 청결해야 합니다. 그리고 환하게 빛나야 합니다.

그래서 저는 제자들에게 이런 말을 하곤 합니다.

"머리를 빛내면 하늘의 보호를 받고, 얼굴을 깨끗이 하면 세상의 보호를 받고, 신발을 깨끗이 하면 조상의 보호를 받습니다."

하늘과 세상과 조상의 보호를 받는다면 웬만한 일은 다 잘 풀릴 겁니다. 개중 똑똑한 사람은 '고작 그따위 짓으로 하늘의 보호를 받는다고?' 하고 생각할지도 모릅니다.

하지만 분명한 것은 몸가짐을 제대로 하고 다니면 적어도 세상 사람들이 당신에게 호감을 갖는다는 겁니다. 여기에 웃는 얼굴로 애정이 담긴 말까지 한다면 주위에 있는 사람들은 틀림없이 당신을 좋게 평가할 것입니다.

몸가짐을 제대로 하는 것. 이 1퍼센트의 노력만 하면 나머지 99퍼센트는 다른 사람들이 알아서 처리해줍니다.

매력은
사람과 돈을 끌어당깁니다

돈을 벌기 위한 방법에는 두 가지가 있습니다. '돈을 벌기 위해 다른 사람이 있는 곳으로 움직이는 방법'과 '다른 사람이 자신이 있는 곳에 돈을 떨어뜨려 주는 것'입니다.

두 개 중 좀 더 편한 쪽은 후자, 즉 다른 사람이 와서 돈을 주는 것이겠지요. 그런데 이 방법이 성공하려면 자신에게 '매력'이 있어야 합니다.

만약 당신이 상품을 팔고 있다면 당연히 그 상품에 매력이 있어야 하겠지요. 거기에 덧붙여, 저는 **상품을 파는 사람의 인간적인 매력도 중요하다**고 생각합니다.

해마다 수많은 사람들이 예수의 매력에 이끌려 로마의 바티칸 궁전을 방문합니다. 또한 예수의 말과 행동을 모아 엮은 성서는 수 세기 동안 많은 사람들에게 널리 읽히고 있습니다.

상품을 파는 사람에게 매력이 있으면 손님은 그 사람을 만나고 싶어서라도 가게에 찾아오게 됩니다. 인적이 드문 곳에 가게가 있어도 주인이 매력적인 사람이라면 손님은 오게 되어 있지요.

그런데도 매상에만 신경 쓰는 주인들이 있습니다. 그런 사람들은 '손님에게 반드시 이걸 팔아야지.' 하는 생각으로 "손님, 이 물건 좀 제발 사세요!" 하며 너무 악을 쓰고 장사를 합니다.

악을 쓰는 자신의 얼굴을 한번 거울로 보세요. 과연 풍요로운 느낌이 들까요?

성공을 이룩한 사람, **부를 이룩한 사람은 대개 표정이 너그럽고 여유가 있습니다.** 이런 얼굴을 '에비스惠比寿 얼굴'이라고도 합니다. '에비스 얼굴'이란 칠복신七福神(기원이 분명하지는 않지만, 복덕을 가져와 준다는 좋은 인연의 신이란 신앙에서 비롯된, 일본의 행운의 신 일곱 명을 뜻한다) 중 하나로, 오른손에는 낚싯대, 왼손에는 도미를 들고 있는, '장사의 수호신'과 같은 얼굴을 뜻합니다.

흔히 '손님은 곧 신이다.'라고 하는데, 이 말에 대해서는 한 번쯤 의심해볼 필요가 있습니다.

무슨 말인가 하면, 상인이라면 적어도 손님들로부터 신이라 여겨질 만큼 신뢰를 얻어야 하고, 그러지 못하면 돈을 벌 수 없다는 뜻입니다. 따라서 아무 생각 없이 무턱대고 "손님은 신이다."라고 했다가는 큰코다치니 주의하세요

신은 여러분을
한 번뿐인 파티에 초대하였습니다

제가 황당한 말만 하는 것 같지만 사실 하고자 하는 말은 단순합니다.

여성이라면 자기 관리 차원에서 외모에 신경을 쓰는 것이 좋습니다. 옷은 밝은색으로 입되 어두운색 옷을 입더라도 액세서리를 걸치면 됩니다.

그렇다고 비싼 액세서리를 할 필요는 없습니다. 그저 반짝 빛나는 것이면 됩니다. 싸구려라도 전혀 상관없어요. 그저 자기가 좋아하는 것을 몸에 걸치기만 하면 됩니다.

만약 당신이 남성이라면, 여성에게 호감을 주는 사람이

되도록 하세요. 어떻게 하면 여성으로부터 호감을 얻을 수 있을지 진지하게 고민해보는 겁니다. 왜 그래야 하냐고요? 당연히 이 세상의 인구 중 절반이 여성이기 때문이지요. 더군다나 지갑을 쥐고 있는 쪽도 여성입니다. 여성으로부터 미움을 받으면서 무슨 돈을 벌겠다는 겁니까? 남성이라면 여성이 매력을 느끼는, 그런 사람이 되어야 합니다.

여성은 꽃입니다. 꽃이 되고 싶어 하죠. 아내에게 "나는 당신이 화장을 연하게 하는 게 더 좋아.", "나는 당신이 망사 스타킹을 신는 게 좋아.", 이런 한심한 주문을 하는 남편들이 있습니다. 화장을 연하게 하는 게 좋다면 본인이 그렇게 하세요. 망사 스타킹이 좋다면 본인이 신으시고요. 물론 농담입니다만.

여성에게 뭔가를 자꾸 요구하지 마세요. 자기가 할 수 있는 일은 자기가 해결하시기 바랍니다. 그런 남자가 강한 남자입니다. 그런 남자가 여성으로부터 "참 멋있는 분이네요."라는 소리를 듣는 법입니다.

돈 벌려고 장사하는 사람만 매력적이 되어야 하는 건 아닙니다. 조금 전에 여성은 꽃이라고 했는데, 실은 여자든 남자든 모든 인간은 꽃입니다.

신은 인간을 창조할 때 화려한 꽃으로 만들었습니다. 그런데도 어른들은 자식한테 '남들의 눈에 튀지 않게 조심하라.'고 가르쳐왔죠. 이래서 꽃이 잡초로 자랄 수밖에 없는 겁니다.

어른들은 '튀어서는 안 된다.'고 말했는지 몰라도, 사회에 나가면 눈에 띄어야 살아남을 수 있습니다. 꽃은 꽃으로서 눈에 띄어야만 하는 거지요.

알다시피 사람의 인생은 한 번뿐입니다.

신은 여러분을 한 번뿐인 파티에 초대한 겁니다. "참 멋있네요!"라는 말을 들을 만큼 멋진 모습으로 파티에 참석하는데, 나쁠 게 뭐가 있겠습니까?

자기 자신을 더욱더 멋있는 모습으로 가꿔보세요. 한 번뿐인 파티에 초대받았으니 축제를 마음껏 즐기시고요. 꽃으로서 당당하게 살아가는 겁니다.

꽃이 잡초처럼 살아가면 불쌍해 보입니다. 자신이 만약 꽃이라면 어떤 모습을 하고, 어떤 표정을 짓고 있을지를 생각해보세요. 이제부터 자신을 가꿔서 스스로를 다시 한 번 창조해보기 바랍니다.

'서로의 약점'을 보완할 수 있으면 '모두의 약점'을 극복할 수 있습니다

'십인십색十人十色'이란 말이 있지요? 저에게 있는 열 명의 제자들도 하나같이 모습이 다릅니다. 그 제자들 사이에 제가 끼어 있으면 아무도 저를 바로 알아차리지 못할 만큼 모두가 강렬한 개성을 가지고 있지요. 하지만 저는 그들에게 튀지 않게 행동하라고 말하지는 않습니다.

그저 "지금 그대로의 모습이 좋습니다."라고 합니다. 단, 가만히 있으면서 아무것도 하지 않아도 된다는 뜻은 아닙니다. 이는 **"당신이 하지 못하는 일이 있어도 괜찮습니다. 당신이 하지 못하는 일은 제가 대신해드릴게요."**라는 뜻이지요.

도로에 구멍이 나더라도 그 구멍을 메우면 지나다닐 수

있습니다. 마찬가지로 상대방에게 약점이 있으면 자기가 보완해주면 됩니다.

저는 평소에 "있는 그대로가 괜찮다."라고 말하며 상대방의 약점을 보완해주지만, 물론 그런 말을 하는 저에게도 약점은 있습니다.

저에게는 1년에 책을 몇백 권씩 읽고 늘 긍정적으로 생각한다는 강점이 있지만, 회사에서 가만히 있질 못하고 남 앞에 나서는 걸 싫어하는 약점이 있습니다. 그래서 저 또한 다른 사람으로 하여금 '있는 그대로의 모습이 좋다.' 고 말하며 저의 약점을 보완할 수 있게 합니다.

이런 식으로 서로의 약점을 보완해주면 모두의 약점을 극복할 수 있습니다.

> 또한, 서로의 강점을 북돋아주면 그 힘은 더하기가 아니라 곱하기가 됩니다.

즉, 3 더하기 7은 10이 아닌, 3 곱하기 7, 즉 21이 되는 것이지요.

상대의 약점을 감싸줄 때 인간의 가치가 빛납니다

사람들과 잘 지내고 싶다면 서로 깎아내리지 말고 부족한 점을 보완해주세요. 그런데 둘러보면 상대방의 약점을 비난하는 사람이 의외로 많습니다.

예컨대 자신이 다니는 회사 사장의 약점을 발견하고는 "우리 사장님은 이런 면이 맘에 안 들어." 하고 푸념하는 식입니다. 물론 인간은 완벽하지 않으니까 때로는 사장의 험담을 할 수도 있겠지요.

하지만 **사장의 약점을 발견했다는 것은 당신이 사장의 약점을 보완해줄 수 있다는 것**을 뜻하기도 합니다.

안 그런가요? 항해사가 배를 조종할 수 있다 해도 지도를 볼 줄 모르면 배가 항로대로 가고 있는지 알 수가 없습니다. 지도를 볼 줄 아는 사람이 있어야 배가 잘못된 방향으로 가고 있는지를 알 수 있지요.

마찬가지로, 당신이 사장보다 뛰어난 무언가를 가지고 있기 때문에 약점을 발견할 수 있는 겁니다. 그러니까 이럴 때는 그 약점을 당신이 보완해주면 됩니다. 직장인 본연의 역할이란 사장을 보완해주는 것이지, 사장의 약점을 들춰내어 떠벌리는 것은 아니니까요.

> 이렇게 서로의 약점을 보완해주니까 인간의 가치가 빛나는 겁니다.

"너는 이런 잘못된 점이 있으니까 당장 고쳐라!"라고 입버릇처럼 말하고 다니는 사람은 정작 자신이 고통받을 뿐 아니라 삶 자체도 험난해집니다.

인간이라면 누구나 약점이 있고, 반면에 강점도 있습니다. 그런데 상대방의 약점을 지적하는 사람은 자신의 약점은 어떻게든 감추려 하죠. 본인이 상대방의 약점을 공격하는 성격이니 속으로 '나도 누군가로부터 공격당하지 않을까?' 하며 늘 걱정에 휩싸이고, 그래서 자꾸 약점을 숨기게 됩니다.

그런데 그렇게 **자신의 약점을 숨기면 주위 사람들이 본인의 약점을 볼 수 없게 됩니다.** 볼 수 없으니 보완해줄 수도 없지요.

이런 삶이야말로 실패한 삶입니다. 불행한 삶인 거죠.

이런 삶을 살기 싫다면, 상대방의 약점을 들추지 않으면 됩니다. 서로의 약점을 부끄럽게 여길 게 아니라, '나는 저 사람의 이런 부분을 보완해줄 수 있겠구나.' 하고 여기면 되는 것입니다.

사실 우리 사회의 시스템은 전부 이런 식으로 돌아갑니다. 설사 사회가 그렇지 않다 해도, 적어도 우리 회사는 그렇게 돌아갑니다.

제가 열 명의 제자와 함께 아무리 열심히 일한다 해도 모든 도시와 동네에 점포를 낼 수는 없습니다. 따라서 점포가 없는 지역이 생길 수밖에 없지요.

그런데 어느 날 점포가 없는 지역에 사는 사람이 "제가 살고 있는 마을에는 당신네 회사의 점포가 없는데, 제가 도와드려도 될까요?" 하고 제안을 해온다고 칩시다. 그럴 때 그 제안을 받는 대신, 우리는 그 사람이 할 수 없는 부분을 도와줍니다. 가령, 상품을 제공할 수도 있고, 다른 가게보다 눈에 띄도록 점포를 꾸며줄 수도 있지요.

우리 회사는 어느 쪽이 더 좋고 나쁘다고 따지기보다 서로가 대등하고 공평한 입장에서 사업을 할 수 있는 환경을 제공합니다. 바로 이것이 우리 회사의 성공법칙입니다. 우리는 이 법칙을 따르며 지금까지 승승장구해왔던 겁니다.

저는 이런 식의 좋은 인간관계를 유지하는 것이야말로 사업뿐 아니라 삶의 모든 면에서 성공할 수 있는, 최강의 성공법칙이라고 생각합니다.

세상에서 나를 가장 잘 돕는 사람은 바로 '자기 자신'입니다

얼마나 힘이 될는지는 잘 모르겠습니다만, 성공의 길을 걸어가고 있는 여러분에게 제가 좋아하는 이야기를 하나 해볼까 합니다.

한 남자가 해변에 누워 멍하니 하늘을 바라보고 있었습니다. 그러다 보니 이제껏 자신이 걸어온 삶이 주마등처럼 눈앞에 펼쳐졌지요.

그런데 자신이 걸어온 길을 잘 살펴보니, 두 종류의 발자국이 있음을 알게 되었습니다. 바로 두 쌍의 발자국과 한 쌍의 발자국이었죠. 잘 생각해보니 중간중간 발자국이 한 쌍만 남아 있는 때는 자신이 고통을 겪고 슬픔에 잠겼던 시기였습니다.

결국 남자는 하늘을 올려다보며 이렇게 소리쳤습니다.

"신이시여! 어째서 고통을 겪고 슬픔에 빠졌을 때 저를 외면하셨나요?"

이때 하늘로부터 목소리가 들려왔습니다.

"사랑하는 아들아, 그게 아니란다. **네가 괴롭고 슬플 때마다 나는 너를 두 팔로 껴안고 걸었지.** 그래서 발자국이 한 쌍만 남아 있었던 것이란다."

남자는 비로소 깨달음을 얻게 됩니다.

'나는 이제껏 신과 함께 길을 걸어왔던 거구나!'

이 이야기를 들으면 사람들은 감동합니다. 저 또한 마찬가지로 감동을 받았고요.

마지막으로, 한 가지만 더 이야기하고 물러나겠습니다.

보살 중에 관음보살觀音菩薩이란 게 있습니다. 이 관음보살은 인간을 포함해서 지상의 모든 생명을 구원하는 보살로 여겨집니다. 하지만 관음보살은 누군가를 구원하고자

할 때 자신이 직접 손을 내밀지는 않는다고 합니다.

그럼, 어떻게 구원을 할까요? 관음보살의 '화신'이 구원합니다. 관음보살의 화신이 관음보살 대신 인간을 돕고 나무와 풀을 구하는 것이지요.

그렇다면 그 화신은 누구일까요?

예전에 제가 산을 오르다가 겪었던 일입니다. 다리를 좀 다쳐서 길바닥에 앉아 쉬고 있는데 어떤 노부부가 다가오더군요. 그런데 놀랍게도 제 다리를 쓰다듬으면서 "괜찮습니까? 어휴, 많이 아프셨지요?" 하고 진심 어린 위로의 말을 건네는 것이 아닙니까! 저는 이런 분들이야말로 관음보살의 화신이 아닐까 생각합니다.

제가 하고 싶은 말은 인간을 구원하는 것은 결국 인간 자신이라는 겁니다. **즉, 세상에서 가장 나를 잘 도와줄 수 있는 사람은 바로 '자기 자신'입니다.**

오랫동안 저의 이상한 이야기를 들어주셔서 진심으로 감사합니다. 여러분에게도 좋은 일이 폭포수처럼 흘러들길 바라며 저는 이만 물러가겠습니다.

옮긴이 하연수

서울에서 태어나 연세대학교 경영학과를 졸업하였으며, 현재 출판기획과 번역 활동을 하고 있다. 옮긴 책으로 『리더의 그릇』, 『아톰의 슬픔』, 『된다 된다 나는 된다』, 『승리보다 소중한 것』, 『만 원짜리는 줍지 마라』, 『잘 팔리는 가게는 분명 이유가 있다』, 『일본의 제일부자 손정의』 등이 있다.
블로그 blog.naver.com/hayonsu

운이 들어오는 입구를 넓히는 법

부자의 운

초 판 1쇄 발행 2012년 8월 10일
개정판 1쇄 발행 2015년 4월 17일
개정판 20쇄 발행 2019년 7월 30일
양장특별판 1쇄 발행 2020년 4월 29일
양장특별판 8쇄 발행 2023년 5월 2일

지은이 사이토 히토리
옮긴이 하연수
펴낸이 김선식

경영총괄이사 김은영
콘텐츠사업본부장 박현미
콘텐츠사업4팀장 임소연 **콘텐츠사업4팀** 황정민, 박윤아, 옥다애, 백지윤
편집관리팀 조세현, 백설희 **저작권팀** 한승빈, 이슬
마케팅본부장 권장규 **마케팅1팀** 최혜령, 오서영
미디어홍보본부장 정명찬 **디자인파트** 김은지, 이소영 **유튜브파트** 송현석, 박장미
브랜드관리팀 안지혜, 오수미 **지식교양팀** 이수인, 염아라, 석찬미, 김혜원, 백지은
크리에이티브팀 임유나, 박지수, 변승주, 김화정 **뉴미디어팀** 김민정, 이지은, 홍수경, 서가을
재무관리팀 하미선, 윤이경, 김재경, 안혜선, 이보람
인사총무팀 강미숙, 김혜진, 지석배, 박예찬, 황종원
제작관리팀 이소현, 최완규, 이지우, 김소영, 김진경, 양지환
물류관리팀 김형기, 김선진, 한유현, 전태환, 전태연, 양문현, 최창우
외부스태프 **표지 및 본문디자인** DESIGN MOMENT

펴낸곳 다산북스 **출판등록** 2005년 12월 23일 제313-2005-00277호
주소 경기도 파주시 회동길 490 다산북스 파주사옥 3층
전화 02-702-1724 **팩스** 02-703-2219 **이메일** dasanbooks@dasanbooks.com
홈페이지 www.dasanbooks.com **블로그** blog.naver.com/dasan_books
인쇄·제본·종이 갑우문화사

ISBN 979-11-306-2946-9(03320)